フェミニストカウンセリングが拓いた道

1980年、女たちは「自分」を語りはじめた

河野貴代美

幻冬舎

1980年、女たちは「自分」を語りはじめた

フェミニストカウンセリングが拓いた道

はじめに

フェミニストカウンセリングをご存じでしょうか？

米国でフェミニストセラピィとして生まれ、日本でフェミニストカウンセリングとして育ちました。それを日本に持ち込み、種を蒔き、水をやって育てたのは私と仲間です。その記録を歴史の生き証人として残しておく義務を感じ、本書の執筆を決意しました。

目的は二つあります。

第一は米国で生まれ、のちに日本で育ったフェミニストセラピィについてその歴史や意義を紹介することです。フェミニストセラピィとはフェミニズムの考えに基づいた心理療法ですが、セラピィ、つまり治療というような医療モデルに倣っていません。フェミニストセラピィの大きな成果は女性の問題の脱医療化・脱病理化、つまり単純に安易に病気と見ないことなのです。この経緯については第5章で詳しく説明するつもりです。

日本では「セラピィ」ではなく、「カウンセリング」という用語を採用することにしました。同じくこれも後述します。米国での実践報告はフェミニストセラピィを使い、日本での状況はフェミニストカウンセリングと、使い分けることとします。

残念ながら、日本ではフェミニストの間でさえ、これらの事情を含め、フェミニストカウンセリングの理論や実践がよく知られていないのが現状です。フェミニストカウンセリング業界の内部に情報が留まっているだけでなく、相談業務に伴う守秘義務によって、外部への情報発信が十分でなかったからでもありましょう。

フェミニストセラピィ＝カウンセリングの誕生

フェミニストセラピィは、日本では東京で産声をあげました。1980年2月、個人開業カウンセリング・ルーム「フェミニストセラピィ〝なかま〟」として発足しました。のちフェミニストカウンセリングに改称され、日本各地に次々に生まれることになったカウンセリング・ルームは、最初の〝なかま〟を除いて、「フェミニストカウンセリング堺」「ウィメンズカウンセリング徳島」などと名乗っています。

セラピィ（治療）をカウンセリング（相談）といい換えても、カウンセリングそれ自体のわかりにくさがあります。たしかに、私自身も、一言で説明せよと求められても困難を覚えるほどです。相談大流行の昨今、精神修養かと問われたり、ハウツー的に具体的な解決策を得られる手段だと思われたり、複数回の面談を重ねることで多少は丁寧な取り組みだとみなされたりしますが、極端にいえば「話し合うだけでどうなるの?」と疑問視されることが、一番多いかもしれません。

私の知るところ、薬物派の精神科医には、カウンセリングを信用しない人が多いようです。向精神薬が出まわるにつれ、患者に診断を下し、薬を処方する権限を持つ精神科医は、ますます薬物療法に依存するようになっていくかもしれません。かつて薬も併用していたクライエント(来談者)の一人は、カウンセリングによって回復していくにつれ、なぜ症状が改善したか、その理由を医者にはいわない、聞かれたら、「黒幕がいるんですよ、というつもりだ」と、笑っていました。

そこで本書の第二の目的です。それは、私自身の考えるカウンセリング観を、人生の終わりにあたって、しっかり考え、記述してみることです。これまでフェミニストカウンセリングの関連書物を幾冊か書いてきましたし、フェミニストカウンセリングを支える根幹にある理論と実践にも簡単に触れてはきましたが、フェミニストカウンセリングとは何かを次世代に手渡すという意図までは持っていませんでした。今回、本書は私が人生で書く最後の本になる可能性もあり、これまでの宿題を果たしたいという想いがあります。

そのため私が、フェミニストカウンセリングを総ざらい的に概観し、これまでの経緯および今後の見通しについて記述するには、個人史を外すわけにはいかないことをご承知いただきたいと思います。なお、本書の英文資料からの記載は、特定の訳者が明記されていない場合はすべて河野の翻訳によります。

フェミニストセラピィと出会うまで

私は大学卒業後、精神科病院で精神科ソーシャルワーカー（現在では精神保健福祉士）として働いていましたが、1968年末に渡米し、紆余曲折ののち、機会を得てボストンにある大学院でソーシャルワークを学ぶことになりました。そんな学業中のある時、当時のパートナーであった彼から、フェミニズムのことを聞きました。「あなた、こんなことに興味ない？」と。当時フェミニズムのフの字も知らなかった私が、なぜNOW（全米女性機構）ボストン支部の集会に出てみようと思ったのか理由はもう記憶にありません。30代の初め、時は1970年代初期、ベトナム反戦運動が盛んな頃でした。日本でもウーマンズ・リブ（女性解放運動）が始まろうとしていたようですが、そのニュースは知る由もありませんでした。

出かけたNOWの集会がどのような形のものであったかも忘れましたが、参加者がそれぞれ自分たちのことを話し合い、誰の語りにも、正直に誠実に自分に向き合っているという、ある種の強さにもまして、さわやかな印象がありました。私もなぜ米国に来たのか、来て何をしているか、何をしたいのか、そもそも私とは何者かをトツトツと話したものです。実は、「私とは何者か」という自問はボストンに来る前に滞在したアルコール・麻薬依存症者の自助施設、シナノンで突き付けられたまま宿題として残っていました（第4章参照）。

私の話に対して戻ってきた反応は、よくわかる、共感する、大変だったね、自分とは何者か、は誰にとっても大事な事柄だ、などのサポーティブなものでした。なかでも、あなたは、そのままのあなたであっていいのだよ、というメッセージは心に染みました。難しい英語ではありません。You are all right as what you are.「今あるがままのあなたでいいのですよ」という意味です。as what you are（今あるがままのあなた）はすぐに納得というわけにはいかないものの、とりあえず今ある自分を受容すること、いや考えてみればそうするしかないのです。スタートの時点を知らないまま、いきなりどこへも飛べないのですから。驚くと同時にこれは自分が十分に受け入れられているという実感を伴った、深く安堵する、初めての体験となりました。

渡米前の人生

少し戻りましょう。

1945年の敗戦の翌年に、私は小学校1年生となり、最初の民主教育を受けた第一世代でした。早熟な「正義志向」の女の子で、高校時代からさまざまな社会政治活動に関わってきたものです。幸いにも当時、いろいろな社会政治活動がありました。自衛隊（とは呼んでいませんでしたが）はできたばかり。在日米軍立川基地の拡張に反対して当時の砂川町で繰り広げられた住民運動の砂川闘争など、私は運動のあった幸せな世代と呼んでいます。中学時代には、友人とグループを作って、人のためになることをしたいと思い、子ども病院に花を送ったり、駅舎を掃除したりしていました。匿名でやっていましたが、ある時、知られることになり、新聞ネタにもなりました。親に隠れて「赤旗」などを読んでいたりもしました。

県立高校での社会科学研究会（社研）という部活は、正義派の学生の根城のようなところでした。私が入学してこの部活に加わった後、当時、高校3年生であった社研のチーフが学校の何かに反対し、門塀に「〇〇反対」と大きな字で落書きするとともに、自死するということが起きました。彼が何に反対したのかは記憶にありませんが、ものものしい雰囲気になったりしました。

部活は、地元の国立大医学部のグループとずっと連携していたようで、いろいろ教わったものです。夕食後、自転車を引っ張り出している私に母が「どこへ？」と。私は医学部に属する学生のNさんのところ、と正直にいいました。考えてみれば、16歳の女子が20歳前後の一人暮らしの男子学生を訪ねるのに、親は心配も反対もしなかった。何かが起きるなどとは考えてもみなかったのでしょう。牧歌的でした。

ちなみに、そのNさん、10年ほど前、思わぬところから彼の住まい（もともと東京都出身）がわかりました。お手紙を出したら、共に医者である彼の妻から、山谷近くの貧しい人たちのための地域医療活動に身を捧げ、50歳前に亡くなったと返事がありました。

「そうか、Nさん、ずっと志を曲げず、よくおやりになったのですね」と独りごちながら、あの学生時代のままの、決して変わらぬ彼を、私は深く悼んだのでした。このような記憶は私の宝物です。歴史の善良な部分の深層には、このような人たちの支えがあるのです。

今にして思えば、その前の中学時代も含めて、とても民主的なよい教育を受けてきました。戦後しばらくはそのような教育環境があったのでしょう。

地方都市の、たいして教養もない両親、ありふれた中産階級家庭のどこに、他者のためになることをしたいという私の動機のきっかけがあったのか、我ながらよくわかりません。父親は亭主関白の、自己チューな人で私は嫌いでしたし、よく衝突しました。当時家父長制などという言葉は知りませんでしたが、父親への反発はその後のフェミニズムに関わる理由の一つにはなったと思います。

考えれば、いつも家庭ではなく外を向いて生きてきたような気がします。学校の勉強が大嫌いで、常に叱られながら外で遊んでばかりいました。近所に住む会社員だった年上の女性は、映画雑誌を定期購読していて、新しい号が来れば、行って見せてもらうとか、標準語を話す叔母さんがなぜか近所に引っ越してきて、市内の繁華街でバーを開くと聞くと、出かけて行って見せてもらうとか。彼女たちのいうことには耳を傾けたものです。大学に入った初年に、休暇中そこでバイトをさせてもらいました。

私は自分をずいぶん「欲ばり」(demanding)だったと思ってきました。家庭では与えてもらえない「何か」——承認とか成長とか私であることの揺るぎのない立場——を求めていたのかもしれません。よくドイツの小説を読んでいました。それらは男性が主人公の成長物語です。イマイチ物足りなかった記憶がありますが、ジェンダー意識など皆無でした。

しかしながら、高校時代の社研のみならず、その後の精神科病院における労働組合活動など、何をやってもその都度、表現しようもないかすかな違和感を持ち続けてきたのでした。「何かが違う」と。その正体が何なのか、なぜ違和感を持つのかをどうしても言語化できませんでした。

個を問うフェミニズム

その答えがわかったのが、先ほど述べたＮＯＷの集会であったと思います。「私とは何者か」という問いに、明確にしっかり反応してくれたのがきっかけでした。私は女としての自らのアイデンティティを求めていたのだ、ということを。私は「自分を探していた」のでした。つまり、私という個について。フェミニズムは女としての「個」を問います。これまでの社会活動は、決して個などに問いが向けられることはなかったのであり、私の焦燥や曖昧模糊の正体はそれでした。もちろん直後はフェミニズムもジェンダーもよく知らず、私の経験が、やがてフェミニストカウンセリングに結び付くなどとは考えられずに、です。概念は全部後から入ってきて、これまでの疑問に結び付きました。

しばらくしてNOWでの体験は私のなかで深く根付き、私もすぐ会員になりました。1975年にメキシコシティで行われた国連主催の「国際女性の十年・第1回世界女性会議」へ参加した時の、反性差別を言動化する女性同士の団結に加えて、新しい歴史の到来を予見するあの興奮を生涯忘れることはないでしょう。私の行く道を照らす言葉はどこにあるのだとウロチョロする道程で、その言葉と実践にやっと出会えたのです。フェミニズムへの確かな信念とともに、この体験は帰国を考えた際の、動機付けとなりました。これまでの精神科領域でのキャリアにフェミニズムを結び付けたフェミニストセラピィの実践を日本でやりたい、と思い、帰国を決めました。そして1980年2月、冒頭に挙げたフェミニストセラピィ〝なかま〟の開設をもって、日本にフェミニストカウンセリングの第一歩が刻まれたのです。

1980年2月以来、フェミニストカウンセリングの理論と実践は、さまざまな紆余曲折を経ながら、これまでなんとか持ちこたえてきました。よく持ちこたえてきたと思います。「持ちこたえてきた」という表現は、ネガティブに聞こえるかもしれませんが、それだけの意味ではありません。学会を設立し、フェミニストカウンセラーの学会認定資格制度を作り、教育訓練の場を設け、学会ジャーナル誌まで発行してきたのです。

とはいえ、この四十余年、全体的な弱体化や内部的な意見の違いは否めず、現在は、公認心理師国家資格化の大きな流れの前で、フェミニストカウンセリングの今後をどう考えるかは、問題含みです。本書は、フェミニストカウンセリングとは何かを理論的に論じるとともに、十分に理解されているとはいいがたい、フェミニズムの視点から女性のエンパワーメントを援助するというフェミニストカウンセリングの実践を紹介したいと思います。同時にさまざまな困難や障害に突き当たったフェミニストカウンセリングの運動と実践の軌跡および現在の問題点を、率直に確かめていきたいと思っています。

目次

序章

発見された「女たちのうめき」

――フェミニストセラピィ前史

フェミニズムとともに

まずはフェミニストセラピィとフェミニズムの関係を述べましょう。

フェミニストセラピィからフェミニズムを度外視するわけにはいかないのはいうまでもありません。フェミニズムがなければフェミニストセラピィも生まれないのですから。しかし、フェミニズムにはたくさんのグループがあり、冠つきのリベラル・フェミニズム、マルクス主義フェミニズム、エコロジカル・フェミニズム、ブラック・フェミニズム等、何を大義とするか、誰がグループメンバーか、定義や表現において、さまざまな違いがあります。中から分裂していったグループもあれば、新しく創造されたものもあります。

特に昨今は、障がい者（クリップ）フェミニズム、肥満（ファット）フェミニズム、トランスジェンダー・フェミニズム、人格障害（パーソナリティ・ディスオーダー）フェミニズム、先住民フェミニズム等、これまで「主流」から無視され排除され、周辺化されてきたと訴えるマイノリティ・フェミニズムが大声で自分たちのアイデンティティを主張しはじめています。これにセクシュアリティ／ジェンダー・アイデンティティ（すなわちＬＧＢＴＱ）を加えると、多元的アイデンティティ・ポリティクスの様相を呈しています。アイデンティティ・ポリティクスとは、アイデンティティをベースにした政治的力動性と訳せるでしょうが、私見ではさらに突っ込んだ社会的承認と資源の分配をめぐる権力関係の闘いであり、権力を持つ個人またはグループへの異議申し立てということになります。

「名前のない問題」

本書で、フェミニズム全般の歴史を述べるのは手に余るので、ここでは日本におけるフェミニストカウンセリングの起源になったと私自身が考えているリベラル・フェミニズムについてのみ触れましょう。その定義は「近代自由主義を理論的支柱とし、男女平等は法的手段や社会改革を通して実現可能であり、男性全体との闘争を主張しないフェミニズムの一形態」です。

リベラル・フェミニズムは、ベティ・フリダーン著　三浦冨美子訳『新しい女性の創造（改訂版）』（大和書房　2004）を出自としていいでしょう。フリダーンは、当該書で、女性の問題は、いみじくも「女らしさ」の神話——女であることの問い直しだと喝破したのです。女らしさ＝性別役割分担です。女は母、妻として、家事や育児に、男は外で仕事や経済、政治等に関わるという役割の二元的な分割のことです。白人中産階級異性愛者が主となりました。

この本が日本におけるフェミニストカウンセリングの起源になったという記載が特別どこか

にあるわけではありませんし、刊行時にはまだフェミニストセラピィの言葉や実践どころか、のちに使われることになった第二波フェミニズムの言葉も使われていませんでした。しかし私が着目したのは、高学歴で郊外の一軒家に住む、一見何の問題もないように見える女性たちが、何をしても人生が空しい、自分が活かされていない、人生の意義がわからないと感じて、うつに苦しみ、どの精神科医のドアをノックしても、「十分に幸せじゃないですか。これ以上何を求めているの?」と逆に尋ねられ、まったくわかってもらえなかったというところです。彼女たち自身にもわからなかったのです。フリダーンは、自分の出身校である、著名なスミス大学の同級生を訪ね歩いてインタビューをしたのでした。この本には、次のような女性の不満や怒りが満ちています。

朝起きては朝食を作り、子どもを学校に、夫を会社に送り出し、ベッドメイクや掃除に明け暮れ、時にボランティアに関わり、週末は夫と一緒にパーティに出かける生活の繰り返し。しかしながら当然のことをしているのですから、特に評価されることもなく泡のように消えて何かが残されるわけでもない。これでいいの? これが私の人生? 何かを探し求めているが、それが何だかわからず婚外の恋に落ちてばかりいる女性や、グーグー寝る夫のそばで、眠れない夜を過ごし、「(私の人生)こんなものなの?」と自問しつつ、一人涙に暮れている女性たちのうめきで満たされています。フリダーンは、このような主婦の苛立ちや欲求不満を「名前のない問題＝problem that has no name」と名付けました。

そして、このような現象が、性的不満や女らしさの消失、家事・育児の重圧といった個人的問題によってではなく、女を家に押し込めようとする男性優位社会・性差別文化によって引き起こされていることをフリダーンは明らかにしました。先述した性別役割分担です。

第二次世界大戦後、キャリアを志向したり、一人の人間としての権利を主張したりしていた大勢の女性たちが家庭に引っ込んで（そのように勧められて）、夫や子どものみに奉仕する人形になってしまった、とフリダーンは主張します。一方、あらゆるマスメディアは、主婦が立派なフルタイムの仕事であると賛美し、広告は消費の面から主婦を礼賛しました。

このような主婦に対する期待（圧力）が大きければ大きいほど、そこに充足を見いだせない女性は、自分がどこか異常かもしれない、と思い悩み、うつに陥っていきます。有能であればあるほど。

フリダーンが筆を起こした1960年代前後、まだ第二波フェミニズムが生まれる前、前述の女性たちの訴えにこう反応した分析医がいたという興味深い話が載っています。

「アメリカ女性をこれまで20年にわたって分析してきて、（フロイトのいう）ペニス羨望などは存在しないという結論に至りました。性的には成熟していても、まだ人間として成熟し完成していない女性を多く診察したのです。ある女性の患者でしたが、彼女の本当の悩みがわかるまで、私は二年も費やしました。悩みは、ただ主婦であり母であるだけでは彼女が満足できなかったということだったのです。ある夜、この患者さんは、学校で教えている夢をみました。夢にあらわれた彼女の切々たる思いをペニス羨望として片づけることができませんでした。夢は大人としての自己充足を求める彼女自身の欲求を表現したものです。『この夢を分析できないですね。これについてはあなたが自分で何かをするしかないようです』と私は彼女に言ったのです」

（三浦冨美子訳『新しい女性の創造（改訂版）』大和書房　２００４）

私は郊外に住む裕福な主婦ではありませんでしたが、「私とは誰か」というかつての問い、正体の見えない自分の違和感が重なったのはいうまでもありません。「私とは誰か」というこの問いは、私がかつて関わった社会政治活動のなかでは、まったくありませんでした。それにしても満たされているはずの多くの女性たちの苦悩を、「医療の領域ではない」と看破したこの分析医の洞察はいったいどこからきたのか知りたいものです。

このような女性の苦悩は、今になってみれば当然のような感じもしますが、当時のフリダーンの発見の衝撃の大きさは、想像以上のものがあったはずです。「知る」「わかる」ということで開かれる感性はなんとパワーフルでしょうか。英語で「Aha-Experience」（アハー体験）といいます。あぁーそうだったんだ！　という、開かれてあることのうれしさ。

リベラル・フェミニズムへの批判

リベラル・フェミニズムについては少々加筆しておきたいことがあります。リベラル・フェミニズムは、主として「白人中産階級異性愛者」の女性を中心にフリダーンによって１９６６年に組織化され（全米女性機構＝ＮＯＷ）、すぐに、多くの女性の興味・関心を引きつけ、大きくなっていきました。

「白人中産階級異性愛者」の女性を中心とした組織作りに批判がなかったわけではありません。差別された女性を一つに括り、女同士の体験を共有しようとするフェミニズムに対して、たとえばブラック・フェミニズムや障がい者フェミニズムから、「女の被差別体験を共有するわけにはいかない。なぜなら体験そのものが違うからだ」という声があがってきます。そのようにいわれればたしかにそうです。ブラック・フェミニストたちは黒人であることと女性であることで、障がい者フェミニストは障がい者であることと女性であることで、二重に差別をされています。ブラック・フェミニストは、１９５０年代からの、Ｍ・ルーサー・キング牧師指導による「公民権運動」のなかで性差別を認識することによって、フェミニズムに近づいた女性が多かったのです。

「白人中産階級異性愛」女性たちはマイノリティ女性を無視し、周辺に追いやっている等の批判を受けることになりました。特にNOW内でのレズビアンたちとの論争はよく知られています。フリダーンは明らかにレズビアンを悪魔呼ばわりしていた時期がありました。

当時NOWの会員だった私は、たしか1976年のNOW総会に出席して、そこで交わされたレズビアンとの論争を目撃しました。動議に次ぐ動議が提出され、参加者たちは全員疲れ切っていました。それでも夜を徹して、一つひとつに議論が交わされて、やがて何らかの落としどころに至り着いたのです。結果的にそれは素晴らしい試みであり、私にとってはありえないほどの体験でした。論争とはこうやってするのか！という発見。議論の後、レズビアンたちは総会のための託児を担当しました。当初お互いを異質として見ていたことは明らかですが、決して分断していたのではなかったのです。

批判はそれとして、しかし当時1960年代後半に、マジョリティであった「白人中産階級異性愛」女性が主軸になったからこそ、女性解放運動の対象を拡大したといえるのではないでしょうか。のち「私は誰？」のテーマを大きく担ったCR（女性の意識覚醒を目的にしたグループディスカッション）やAT（自分の考えを相手との対話のなかで主張する訓練）も、もともとは、NOWの重要な活動の一つとして展開されたといえます。

そしてこの時作られたスローガンが、よく知られた「個人的なことは政治的なことだ＝Personal is Political」です。これは第二波フェミニズムにおいてニューヨークのレッド・ストッキングスに属していたフェミニスト活動家、キャロル・ハニシュによって名付けられたとされています。フェミニズム理念のなかで最も知られ、歓迎されてきたスローガンでしょう。

フェミニスト革命――パラダイム・シフト

私はこれらの動きをフェミニスト革命と呼びたい。しかも国際的な。歴史上、いかなる革命の主題も「個人的なことは政治的なこと」であるはずです。しかしこれまでのフランス革命、ロシア革命、中国革命、どれをとっても、革命の主題はその時の「権力」の転覆＝奪取が根底にあるか、よくいっても制度の一部変革でした。革命は、被抑圧者＝パーソナルが担い手であるはずなのに、やがて革命の首謀者は、権力の奪取以降、本来の被抑圧者の個人ではなく階級や民族による指導者集団などになり、そのなかで個人は新たな被抑圧者の立場に置かれるようになっていきます。なぜなら新しく作られた権力が、個人を抑圧するという同じような道をたどるからです。そしてその権力は権力を守るためにさらに抑圧的に働くようになります。

とりわけ女性はそもそも「個人」のなかに入っていないか、個人としての男性の添え物として不可視の存在でした。フランス革命のスローガンは「Liberté（自由）・Égalité（平等）・Fraternité（博愛）」です。日本語訳がなぜ博愛となったのかはわかりませんが、これは兄弟愛という意味です。つまり、人類は男性が代表していたのです。だから別の権力がその後の転覆をはかろうとしてきたのも、男性が別の男性に取って代わっただけだったことは歴史が証明しています。

フェミニズム革命のスローガン「個人的なことは政治的なこと」は、社会構造を変えようと唱えていますが、権力の奪取ではありません。フェミニズムが唾棄してきたものが、男性が代表した「権力」なのですから。というかフェミニズムの理念、その哲学からいえば、目標はこれまで考えられていなかった社会全体の性差別的構造を変えることで、これを私はパラダイム・シフトと呼びます。フェミニスト革命はあくまで「パーソナル＝個人的経験は、ポリティカル＝政治的に構築されている」ことを暴くことであると強調しておきます。

フェミニストセラピィの目標を例に見れば、パラダイム・シフトの一例が脱医療化（医者―患者間の力関係の見直し）であるし、性差別的構造がアカデミズムの領域まで及んだアカデミック・ハラスメントや性暴力の告発であり、同時に被害者の援助等でもあります。

他のどの革命がこのようなことを射程に入れたでしょうか。これを貫徹させたいために、まだフェミニスト革命は続いています。革命よ、衰えるな、続け、です。

付け加えるなら、2022年現在ロシアのウクライナへの許しがたい侵略が話題をさらっています。この年の国際女性デー（1904年、ニューヨークで婦人参政権を求めたデモが起源となり、1975年に国連によって3月8日が国際女性デーに制定された）に、上智大学の三浦まりさんが、こう書いています。「国連のアントニオ・グテーレス事務総長が『私たちに必要なのは持続可能なフェミニスト的復興』だと言い切った。気候変動やパンデミックによる窮状に女性と少女は一段と苦しみ、かつウクライナをはじめとする各地の紛争で彼女たちは最も弱い立場に立たされ、最も力強く平和と正義を求める声をあげているからだという」（「あすを探る」朝日新聞朝刊2022年3月31日）。

私も唱和したい。スヴェトラーナ・アレクシエーヴィチがいうように「戦争は女の顔をしていない」のです。

女性の暴力被害への取り組み

本章は「フェミニストセラピィ前史」がテーマですが、もう一点、フェミニストセラピィが生まれる前に女性たちが取り組んだ運動があります。これが女性に対する暴力や暴力被害者を助ける取り組みであり、まさに女性の体験を共有する、優れた素晴らしい着眼点でした。自分の身体の尊厳、そこで起きている出来事にキチンと目を向けていくこと。これはもちろんすぐにフェミニストセラピィに連携していくことになります。

また暴力被害への取り組みとは直接関係はありませんが、“Our Bodies, Ourselves—A Book by and for Women” The Boston Women's Health Book Collective. Simon and Schuster（日本語版 ボストン女の健康の本集団著 藤枝澪子監修『からだ・私たち自身』松香堂 1988）という本が1971年に作られました。女性たちが自分たちの身体の体験を持ち寄って自分たちで書いた本で、目の覚めるような活動にも連動していきます。産婦人科医ではなく、素人の女性が、それぞれの体験を持ち寄って、医療の本を書くということなど誰が考えるでしょうか。患者を診て、本を書く男性の産婦人科医とは違います。同胞にとってはどれほど真実味のこもった著作になったことでしょう。

それで思い起こした忘れもしないエピソードがあります。1994年、エジプトのカイロで開催された国連人口開発会議で（私は臨時特派員でした）、男性が手を挙げていうには「私は女性の身体を一番よく知っている者です」。多くの男性産婦人科医はそう思っていることでしょう。あれ、本当？ と私は思ったものでした。

この本は、初期のフェミニズム史における最上の仕事の一つであると同時に、大勢の女性のフェミニズムへの牽引車となりました。私にとってもフェミニズムの最良の一冊です。

暴力被害のテーマに戻りましょう。女性に対する暴力被害に対抗する活動もいつ頃から誰によって牽引されたか、と聞かれれば、正式な歴史的記述があるわけではありません。ほぼフェミニズムが起こったと同時、1960年代の終わり頃のはずです。どのようにして活動が展開されたかを考える契機は、いくつかあります。

暴力被害といえば、多くの女性たちには体験がありながら、初期はそれが暴力の被害であるとなかなか気づきにくいとか、またキチンと自分が被害者であると納得できるには時間がかかるなどの状況がありました。しかし同じような仲間がいれば、自分の身に何が起きたのかの認知もいくらかは容易でしょう。そのような環境において、被害者が次から次へと訴え出るとか、クチコミで広がっていったと考えられます。

運動はまず被害者のためのシェルター作りから始まりました。どこかの廃屋を占拠して始まったともいわれているし、何よりも回復を手助けしたのは、いくらか余裕のある当事者自身であったともいわれています。彼女たちは、レイ（素人）・カウンセラーと呼ばれ、現在でも回復を手助けする貴重なメンバーです。体験者は被害の実態を誰よりも理解できますから。

やや後になって私は、そのうちの一人と話し合ったことがあります。「完全に自分が回復したかどうかはまだわからないが、仲間を支援するなかで、確実に回復に向かっていることがわかります。フラッシュバックの回数が減ってきたし、それ自体をそんなに怖がらなくなった」と話していました。また与え、与えられるという関係性において、これはとても納得のいく話でした。とはいえ誰もができることではないし、安易に勧められることでもありませんが。

暴力の種類は、その後フェミニストセラピストによって、身体的・性的暴力、DV（ドメスティック・バイオレンス）、セクシュアル・ハラスメント、近親姦、専門家による性的搾取などに分類されていきます。最後のタイプは、セックス・セラピィと称して男性の専門家と若く魅力的で弱々しいタイプの女性クライエントとの間に起きるセックス行為であり、フェミニストたちによってすぐに気づかれ、ただちに問題化されていきました。

私のクライエントにも似たような事例がありました。とてもおしとやかな感じの着物を着た中年の女性。担当の精神科医と性関係を持つようになったが、彼を特に好きではないし、こんなことをやっていていいのだろうか、という訴えだったと思います。これを専門家による性的搾取といえるかどうかは、微妙なところですが、彼に家庭があれば、また誰にもいうなという禁止があれば、医者―患者関係の権力格差を利用した性的搾取といってもいいかと思います。

初めの頃には専門家による性的搾取はあまり取り上げられていませんでした。患者さんが発言しにくいと思うのはよくわかります。このような例をやはりクライエントからいくつか聞き及びました。夫との性関係がうまくいかないといった訴えに対して行われたといいます。相手は私も名前を知っている著名な性科学者（現在は故人）です。

私はクライエントに、訴え出ないのかを尋ねました。いってもいてもらえるわけがないし、いつも娘のようだ、かわいいといって身体を撫でまわした後セックスをするが、怖くて訴えられないといっていました。もちろんこんなことが治療であるわけがありません。心理療法の世界では、逆転移（カウンセラーがクライエントに向ける感情、思考、行動）を厳しくいましめるルールがあるのに、それを守らないばかりか、クライエントの弱みにつけ込んだ卑劣な行為というべきでしょう。

1960年代後半、フェミニズムが広がるまでは、このような男性の女性に対する暴力が、被害者にも落ち度や責任があるという、一般的のみならず心理学界にさえ広く行き渡った神話に支えられていました。

暴力による被害者の経験は筆舌に尽くしがたく、トラウマとして心身を苛んでいきます。フェミニズムが起き、女性に対する暴力問題を提起してからこの間、フェミニストセラピストたちが重ねてきた知見は、深く男性の権力的な欲望を暴露しました。今なお、暴力は止まず、最近になって手付かずであった加害者への「治療」が論じられるようになったものの、困難な課題でもあります。男性加害者を救済する時間があれば、女性被害者にそれを回すべきだ、という意見もまだ根強いようです。

第1章

女性解放の視点での心理療法

——フェミニストセラピィの発祥

自然発生的なその始まり

フェミニストセラピィが、どこでどのように始まったのかはほとんどわかっていないし、確かな記録もありません。特にＣＲ（女性の意識覚醒を目的にしたグループディスカッション）活動が大きなインパクトを与えたとたくさんのセラピストが話していますが、どこからともなく自然発生的に生み出されたというのが通説のようです。資料によれば、19世紀末から20世紀にかけて活躍した精神科医のカレン・ホーナイがフェミニストセラピィに大きな影響を与えたと評されていますが、ホーナイは１９５２年に亡くなっています。また国際的に知られ、フェミニストセラピィ研究所の所長をしてきたエリン・カシャックが最初のフェミニストセラピストだという説もありますが、彼女自身がそのようにいっているわけではなく、確かなことは不明です。

ベティ・クロンスキーは、「１９７０年7月、これを書いている時点で、フェミニズムの視点から書かれた心理療法論はほとんどない」といっています（Betty J. Kronsky "Feminism and Psychotherapy" Journal of Contemporary Psychotherapy Vol.3. No.2 Spring, 1971）。また１９７５年のアメリカ精神医学会（ＡＰＡ）１２７回年次総会に、初めて「フェミニストセラピィ」という名称の分科会が現れているようですが、詳細は不明です。

別の資料によると、「1960年代の後期に初めて出現して以来（略）……やがて全国各地のセラピストたちが、心理的成長に必要な持続的変化をとげていくための、女性の能力を強化するさまざまな新しい試みをはじめた。他のセラピストと話し合うことなしに単独で、それぞれのセラピストが自分自身をフェミニストセラピストと呼び始めた」（L・B・ローズウォーター、L・E・Aウォーカー編著　河野貴代美・井上摩耶子訳『フェミニスト心理療法ハンドブック』ブレーン出版1994）ようです。

この資料は、1982年に開催された上級者フェミニストセラピィ協会（Advanced Feminist Therapy Institute）の第1回大会の記録本なので、この時点ですら出発点について正確にはわかっておらず、結局自然発生的に生み出されたという通説を裏づけています。いくつかの論文において、各自がフェミニストセラピストと自称しはじめたという記録は散見されます。

いずれにしても1960年代末には、フェミニストセラピィは、個人の開業実践（プライベート・プラクティス）として定着したようです。

つまり、フェミニストセラピィの始まりの詳細が重要というより、むしろ、明確なリーダーがおらず、歴史も書かれていないというほうが、フェミニズムらしいと思われます。旗を振って、「私に続け！」と叫ぶリーダーがいないほうが。概して初期のフェミニズム運動は、記述がなく明確なことはわかっていないことが多いようです。フリダーンは、『新しい女性の創造』でNOWを組織化した後、なぜ設立の経緯以降の本が書かれないかと問われ、「書きかけたが、終わらなかった」と述べています（『新しい女性の創造　三度目の改訂版』）。運動をするということは、そんな時間的余裕などないというようなことを、いつかどこかで答えていたと記憶します。

フェミニストセラピィの定義

始まりはこのくらいにして、言葉の定義から始めましょう。フェミニストとは、女性解放思想によって性差別反対を唱える人で、セラピィは、サイコセラピィ（心理療法）の略です。つまり女性解放思想の持ち主が、女性解放の視点で心理療法（カウンセリング）を行うということです。

まずはよく知られたフロイト派の女性観を見直すことから始まったのは当然のことでしょう。特に劣等性（インフェリオリティ：ペニス羨望から来る）、受け身性（パシヴィティ：卵子は常に精子を待つ）、自愛性（ナルシシズム：劣等性の代償として）、嫉妬心（ペニス羨望のように）、良心の欠如（エディプス・コンプレックスによる法としての父の超自我が男子のように内在化されないため）が批判の対象です。マゾヒズムと名付けられたこれらの女性の総体的劣等性の比喩は、フロイト理論では「解剖学（身体的性差）は宿命である」という言葉に表されていました。

フェミニズムが、「フェミナ」（女）というラテン語を母体に作られた造語である限り、性別役割分担という言葉すらなかった時代から現在まで、何千年も引き継がれてきた宿命論を覆すのは困難な作業でした。もし女性がペニスを欲しがるなら、男性は乳房を欲しがっているに違いないし、事実巨乳を求めています。この二つの「性器」に優劣があるでしょうか。フェミニストセラピィはこのような宿命論にまず反論することから始まりました。

振り返ってみればわかるように、女性心理は、男性によって観察され、分析され、記されてきました。そのうえ、心理学上の発達・分析のモデルは男性です。人口に膾炙した1950年のE・H・エリクソンの八段階からなる心理・社会的発達段階――「乳児期」「幼児前期」「幼児後期」「学童期」「青年期」「成人期」「壮年期」「老年期」――に女性が含まれていると思われるでしょうか。人間という場合は無意識に男性が基本となって、女性は存在しているはずなのに現実には含まれていません。心理学理論にとって女性は、よく考えられていないから、よくわからないはずなのに、「他者」として記述、あるいは無視されてきました。

フェミニズムが喝破するように「個人的なことは政治的である」として、男性の従属的立場ではなく、女性それぞれが、自分が何を感じ、考え、究極的に自分の人生をどう生きたいのか、あなたがあなたの人生の主人公だという命題に焦点が当てられていくこと、つまり女性個人のエンパワーメントを促進することがフェミニストセラピィの目的です。この実践によって、初めて女性が自分自身に向かい合うことを許す機会が与えられるのです。

女性の幸せは、夫や子どもに尽くすことであり、女性自身もそれを望んでいるはず、とする社会的なプレッシャーは大きく、またどこまで尽くせばいいのかという基準もありません。人間としての平等感になじんでいないのだから、自分が人生の主人公だと考えることは、わがますぎるのではないかという戸惑いも大きいでしょう。このような戸惑い、悩みは他者の助けをもって、丁寧にゆっくりほどいていくしかないのです。

フェミニストセラピィについてたくさんの著作のあるローラ・ブラウンの初期に書かれた定義を紹介しましょう。彼女は振り返って次のように書きます。

「フェミニストセラピィの実践は、フェミニストの政治的な概念や分析によって周知されるものである。それらは、女性とジェンダー心理学におけるフェミニストの多文化的学問に裏付けられており、やがては、セラピストにとってもクライエントにとっても、フェミニスト的抵抗や個人的日常生活上の変容、また社会的、情緒的、かつ政治的環境との関係を進展させるための戦略や解決に導くことになる」
（アメリカ心理学会ジャーナル１９９４）

ここにはセラピィの背景にフェミニズムの存在およびフェミニズムがもたらした女性の社会構築の分析が明確に述べられています。セラピストやクライエントを含めた、セラピィ実践による社会の変容に至るまで言及されています。

米国では、１９７５年頃にはフェミニストセラピィに対する相当な広がりや支持が実現されました。たとえば、１９７５年の雑誌『Ms.』（１９７２年に、女性のみMiss未婚とMrs既婚に分けられる呼称に反発してフェミニズムの考え方を広げるために、グロリア・スタイネムなどが創刊した雑誌。現在の呼称は世界中でMr・Msになっている）の広告ページには「ウエストチェスター・フェミニスト・サイコセラピィ・コレクティブ。個人、グループを問わず。低料金。電話〇〇」とあります。クリニックではなく、コレクティブと名乗るところが、フェミニストらしい。クリニックではなく、あくまで共同体という意識なのです。

CR——コンシャスネス・レイジングについて

すでに何度か出てきた、フェミニズムの理念や活動の主軸である「CR（コンシャスネス・レイジング）」に改めて登場してもらいましょう。これがわからなくては、フェミニズムのみならず、フェミニストセラピィを理解するのが困難です。どのフェミニストセラピストも自分たちの実践に際して、異口同音にCRの影響を述べているからです。CRの直訳は意識向上ですが、これではわかりにくい。意識覚醒と訳した人がいて、現在はその訳語のほうで通っています。

CRは、1960年代の中頃に、ニューヨークのラディカルなリブグループ「レッド・ストッキングス」に始まったとも、ボストンのグループ「パンとバラの会」に始まったともいわれています。精神分析理論や中国の人民公社での話し合いの技術、反体制（ヒッピー、黒人解放、学生運動）グループなどのさまざまな動きのなかから概念化されたようです。精神分析、中国の人民公社、ヒッピーと並べば、あまりにも方向違いのような気もしますが、それぞれは、当時における目新しい動きだったのではないでしょうか。そこはフェミニズム、役に立つノウハウを取り入れていったのでしょう。いきなりうまくいくはずはなく、少しずつ反省のなかでまとまりを持ちはじめたのではないかと思われます。

ＣＲが具体的にどのように行われるかを説明しましょう。開始は、たいてい地域社会の集会所、大学の掲示板等、また『Ms.』のような雑誌に、いついつ、どこに集まってＣＲをやりませんか、というお誘いのビラが貼られるとか、広告が掲示されます。それらの条件に合った女性たちが、世話人に連絡をする、それだけです。

普通10名ぐらいのグループで、週に1回、2時間程度、興味のあるテーマについて話し合いをします。テーマは、たとえば「愛」「結婚」「性――セックス」「母性」「仕事」「女らしさ」「老い」「友情」など。グループの年齢や興味に従って、何をテーマとしてもよく、女性の生き方に関わるようなものが選ばれます。テーマはグループごとに話し合って決めます。

グループは平均して1年から1年半ぐらい続くことがありますが、規則があるわけではありません。ただし、グループ内で話し合われたことは決して口外しないという決まりは、重要です。話し合いに遅れないこと、理由なく欠席しないことなども入ります。要は各自が自分の責任においてグループを維持していく努力以外に特別な約束事や規則はないといえるでしょう。一人ひとりの努力によってグループを維持するという自覚が非常に重要になっており、それは特別に述べられなくても、メンバーは次第にわかってきます。呼びかけた世話人はいても、呼びかけは役割のみで、彼女がグループをリードしているわけではないのです。このあたりの平等感は、もともと女性は権力から遠いという現実の反映なのかもしれません。

最も大事なことは、グループ内でメンバーは、批判も中傷もされることなく十分な時間をとり、話ができるということです。つまりCRの場は誰かが何かを判断する場ではないということであり、このようなグループ環境は会を重ねるたびにだんだん醸成されていきます。誰かが話し合いを支配したり、中断したり、強制することもありません。さらにグループに個人的な問題を提起して、解決をしてもらうというような姿勢が必要でもありません。

いうまでもなく、これは簡単なことではないものの、多様な語彙の獲得、さらには対話や会話から、互いに学習でき、よりよい発言になっていくことが実感される場になります。

私が1970年代中頃の滞米中に参加したCRグループは、昼間、交代でメンバーの自宅で行われていましたから、参加者の多くが学生とか、主婦とか、パートの仕事をする人とか比較的若い仲間でした。今でも記憶しているのは、メンバーの一人にうつ病を訴える人がいて、うつ状態を綿々と訴えられて、私に限らずメンバーにとってもどうすればいいか困った経験がありました。じっと傾聴するだけではどうしようもなかったのです。私自身は精神科医療の専門家でしたが、その人一人をどうしてあげることもできませんでした。彼女は投薬を受け、次第に来なくなっていきました。こういう人の参加があるような場合も出てきます。

社会に植え付けられた感情生活を扱うＣＲのユニークさ

ＣＲは、集団心理療法と似通った要素を持っているものの、徹底した違いがあります。集団心理療法のように治療者―患者という関係がなく、メンバー全員がお互いに対して対等であり、金銭の授受もありません。何よりも重要な違いは、集団心理療法では、個人の「内的問題＝病理」を解決することによって、社会適応を目指すのに対して、ＣＲは、個人の内的問題は社会的文化的構造によって生み出されている、という立場から社会を変えていこうと意図するところです。フェミニズムの唱える社会的不平等に内在する、あるいは個人によって内面化された差別的意識やポジティブ、ネガティブな感情生活を扱うのがＣＲです。

女性としてのイメージ、態度、行動などの変容を目指すために、女性の権利拡大や雇用・教育の機会均等を目的とする社会制度改革運動とは違ったユニークさを持っています。あくまで、女性個人の意識的変革が目指されます。ＣＲは、フェミニズムの哲学や実践を経験的、具体的なレベルで捉え、「○○すべき」「○○のほうがよい」などという自分の価値観をメンバーに強制しないことが求められます。

CRで「言葉を持ち」「自己相対化」を始めた女性たち

CRをグループダイナミズムの観点から分析してみましょう。第一点は言語化です。これ自体は決して容易ではありません。まず語彙。これまで女性は言葉を持たなかったといえるでしょう。女性は、語彙において貧困なばかりか言葉が必要とされる場が限られていました。家庭内での夫との会話、数少ない近隣や親戚との当たり障りのない会話しかなかったし、自分の言葉に責任を持つ機会などほとんどありませんでした。夫婦同伴のパーティで、妻に要求されるものは、社交技術的な会話でした。夫たちがグループになって政治経済を論じている時、妻たちは、芸能ゴシップや日常のちょっとした噂話に興じていました。

そういう女性たちにとって、CRでの語りが難しいというのは、あくまでその女性が何を感じてきたか、今何を感じているかの語りが重要視されるために、自分の、その時にはっきりしない、捉えにくい感情の流れを意識化し、その言語化を試みなければならないからです。普段の暮らしのなかで、簡単に表明される感情はあっても、それらはいちいち深く吟味されてはいません。しかし、CRのなかでは、それでは自分が納得できなくなってくるのです。他者に指摘されるのではなく自分自身が不充足感を持つからです。それ自体が女性にとっては画期的なことではないでしょうか。とはいえ、グループ体験の少ない、孤立している女性たちの話し合いが、たちまち方向性を持つことは難しいですが、そのような語りに次第に慣れていきます。

　これに関連するのが、第二点の自己相対化という作業です。女性はこれまで自己を相対化することが難しい存在でした。自己を客観的に見る手段はほぼバスト、ウエスト、ヒップ等の容姿（身体）に限られていました。CRでは自分の体験や感情を語る場合、自分を客観的に見る目が必要になってきます。比喩的にいって一番わかりやすいのは、幼児と母の関係でしょう。二者は密着していて（それすら理解できていません）、幼児は母の一部でさえある。極端にいえば、幼児が痛がれば、母も痛いと感じる場合などがあります。この関係が反抗期などによって変化します。子どもは自分と違うと母が気づいていく過程において、自己と子どもとの間に距離ができます。このように距離をとることを自分の内部で行うのです。たとえばこの苛立ちは何か、モヤモヤは何だろうなど、言葉を意識や感情の深みにまで少しずつ降ろしていく作業といってもいいでしょう。いずれにしても自分の心の動きに敏感になってゆき、洞察が及び、これが自問から始まる自己の相対化を作動させていくのです。

　第三点めのポイントは、グループ内の相互作用です。個人は、生まれ落ちたらすでに社会的存在です。仮に「引きこもり」であっても、誰かと何らかの形で繋がっており、繋がりから意識的、無意識的に多少にかかわらず影響を受けている。それを明確に自覚するかしないかは個人によって違うでしょう。

ＣＲグループは、初めからメンバーの語りを価値判断なしに聞く、つまり最初からメンバーを無条件に受け入れることが目的とされています。言語化と相対化が絶えずグループ内で行われ検討されるなかで、支持や共感、あるいは反発や異議に自分はどう対応するかがチェックされます。肯定されることはうれしく、またそれを喜びや幸福感として表現していくことは易しい。しかし否定や批判（基本的にＣＲにはないはずですが、そのように受け取ってしまう感情の機微があることは否定できません）にはどうなのか、すぐに心を閉ざす自分はいないか。またメンバーの傷ついた心情、怒り、失望などにはどのように反応すればよいのか。このようなことを不断に自分に問いかけ、相手に反応していく相互作用の力動性が醸成されていきます。

以上のようなダイナミズムと時間の経過のなかで、これまで周辺化され、無視され、二等市民として扱われてきた女性の自我が丁寧に扱われ育てられていきます。「何もできない、つまらない、バカな自分」であった女性が、生き生きと、豊かな生活に向けて自己変革をしていきます。これがＣＲのエンパワーメントです。意識や感情において起きている出来事を自覚しつつ、仲間とともに、です。人間は優れて学習の動物ですから。

CRの発展段階

次のようにきれいに設定されたステップがあるわけではありませんが、かなり初期の頃に書かれたバーバラ・カーシュによる4段階を私なりの要約でご紹介しましょう。本論文は、「女性にとって治療になるCRグループ」と題されています。いかにCR活動が重要視されたか、がよくわかります（"Consciousness Raising Group as Therapy for Women" B. Kirsh Women in Therapy Brunner/Mazel Inc. 1974)。

第一段階「開始」

まずお互いを知ることから始まります。自己史を語ることが奨励されますが、現象的な出来事を追うだけでなく、その時々にどう感じたかが重要なテーマとなります。「それであなたはどう感じたの？」はよく出てくる質問になります。英語では感じる（feel）と考える（think）は区別されます。「考える」はどうしても思考の言葉になってしまいます。ですから、「どう感じる？」です。これまでの人生や自分自身をどのように感じているのか、というようなことが自分の言葉で正直に率直に話されるようになり、メンバーはときどき質問をはさむことを除いてじっと耳を傾ける。自分への真摯な関心や温かさを感じられる時に、人は自分を最大にオープンにできます。

第二段階「共有」

グループによって、一つのテーマだけをずっと追求するタイプと、集まりの都度話し合いによってテーマを決めていくタイプがあります。ともあれ、メンバーはだんだん「話し方」に慣れ、あなたの感じ方や考え方は私とは違うといった発言も出てくるようになりますが、違うからおかしいという判断はされません。そこに信頼が育ちます。

「女性であること」によって受けた差別、偏見、あるいは女性として期待されている行動（おとなしく消極的）、感性（依存的で抑圧的）といったメンバーの具体的な感情体験に対する同意や共感が広がっていきます。話し合ってみると、体験や感情の共通性がたくさん見られることに気づくようになります。特に、怒り、嫉妬、悲しみ、不安は感じないようにする傾向があることが共通項として認識されます。また女性としての不充足感、自信欠如、依存性などは、女性個人の問題ではなく、女性が置かれている社会的な立場や、文化的な規制に原因があるのではないかということがわかってきます。つまり「Personal is Political ＝個人的なことは政治的である」ことが自覚されはじめます。

第三段階「分析」

ここでは初期の頃の個人的「告白」的要素が影を潜め、少しずつ女性の置かれている社会的、文化的状況に目が注がれるようになります。主観的感情や思考を客観的な分析に変えていこうとする努力です。一方で女性運動の歴史や性差別的社会制度に焦点が当てられることもあります。批判的精神の養われた目には、鵜呑みにしたり、ただ差別的だと、ことをあらだてて述べたりすることがよいことだと短絡的に考えなくなるでしょう。批判的精神の醸成です。

第四段階「概念化」

この段階の特徴は、「自分の可能性」に対するヴィジョンを育てることです。性別役割が再検討されます。妻や母という固定された役割に不満や不足感を持っていた女性にとっては、その他の、それ以上の可能性を探ることが支持され、再就職のみならず再就学、社会活動への参加などが本人の意志において確かめられます。またそのような具体的要求を持たないメンバーは、自己の内面的な欲求に従って新しい視点から生きる内容の検討をするかもしれません。それは肯定的自己イメージによって支えられた精神的自立です。グループメンバーからは惜しみない共感や喜びが伝えられます。CRの過程を通して、十分に自他を受け入れ、同性との深い意味ある友情が作られていく。今度は「Sisterhood is Powerful＝女性同士の連帯は素晴らしい」です。

CRの問題・限界

CRには問題や限界も当然ながらあります。これまでの抽象的な私の説明では、うまくイメージしにくいかもしれませんが、分析的に書けば相当に高尚な働きのように聞こえても、CRは実際、ごく普通にどこにでもいる女性たちの集まりであることは強調しておきたいと思います。だからこそどのグループも、常に期待通りにスムースに運んでいくわけではないことは十分に想定されます。シビアな意見の対立で傷つけあうとか、だんだん参加者が減って、途中で解散の憂き目にあうとかの困難な状況は容易に考えられるでしょう。それは形成されたその時々のグループの質によることが多いといえます。最初から「高齢者グループ」「若者グループ」などとグループのメンバーを限定することはたまにありますが、基本的にはメンバーを選別しないからです。

「CRグループにあっては、すべてが新奇で、刺激的で、怖いほどであったわけだが、このようなグループがきわめて密度の高い情緒性をはらんでいるというほかならぬ理由によって、グループに参加しているメンバー相互の間の感情がしばしば手に負えないものになってしまう、ということだった。羨望・競争・怒り・愛情などの感情が現れてきて、しかしそれらが極めて強力なものであるために、グループ全体としては、しばしばそれらを処理できなくなるのだ」（ルイーズ・アイケンバウム、スージー・オーバック共著　長田妙子・長田光展訳『フェミニスト・セラピー』新水社　1988）

これはイギリスでCRに参加し、のち自らがフェミニストセラピストになった女性の率直な証言です。いささかゴシップ風にいえば、『フェミニスト・セラピー』の著者の一人、スージー・オーバックは、イギリスの故ダイアナさんの摂食障害時のセラピストとして知られている人です。元王室がフェミニストセラピストをねえ、と思いますが。

このお二人の『ビター・スイート』（主婦の友社　1988）という女性の友情を描いた本を私は日本語に訳しました。途中で著者に聞かないとわからない箇所があり、東京からロンドンに電話しました。本の疑問は解けましたが、いささかビジネスライクな短い対応で、ダイアナさんの件を確認することはできませんでした。残念！　とはいえ、あまりにミーハーはよくありません。

さて、いずれにしても、このような限界を持ちつつCR活動が野火のように米国のみならず世界を席巻し、さらにフェミニズムを、女性自身を力づけてきたことはいくら言葉を重ねてもしすぎることはないと思います。理由は単純。女性は、時には必ずしも生産的ではない家事・育児以外の別の活動に「飢えて」いたからです。そしてそのことを語り、それを聞いてもらうことにも。飢えたまま放置されれば、死に至ります。これはさまざまな困難を伴いつつ、それでもCRが広がった必要にして十分な条件ではないでしょうか。私がフェミニズムにおけるCR活動に拘るのは、フェミニズム革命において、これほど斬新な、人間を根底から揺るがす運動は他に例を見ないからです。それは歴史が証明しています。

映画『プリズン・サークル』が描く刑務所での語り

坂上香監督の手になるドキュメンタリー映画『プリズン・サークル』が話題になっていると聞きました。内容は「島根あさひ社会復帰促進センター」という刑務所内で、話し合いながら、更生プログラム（回復共同体）に挑んでいくその過程を追ったものです。

実はプリズン・サークルの活動を新聞の書評で知り、そんな試みがあるのだ、と感嘆してここまでを書き、そのまま残しておきました。なかなか資料が入手できず、その後DVDは入手不可で、書籍のみが入手できました。坂上香著『プリズン・サークル』（岩波書店　2022）です。

内容的には、AA（アルコホーリクス・アノニマス：飲酒に問題にある人たちの自助グループ）のミーティングや後述するシナノンのゲームに似ているように思われたので、話し合いになっていく端緒とかその過程に興味を持ったのですが、そこは書籍ではよく伝わりませんでした。監督の講演をYouTubeで見て、制作過程の困難や大変さはよくわかったものの、私の知りたいことに関して書籍には特に言及はありませんでした。

メンバーを話し合いに参加させるには、相当な技術が必要だと思います。「さあ、話し合ってください」では始まるわけがないからです。刑務所ですから、参加者は、自分の犯罪に向き合わなければならないだけでなく、自身の過酷な体験にも触れなければなりません。

第4章で詳述するシナノンのようにまるで言語的暴力と思えるような形で内面に入っていくのが最良の方法とは思えませんが、相当な技術とそれを支える経験が必須であることは、よくわかっています。文脈は異なりますが、女性たちは、こんなこと、とっくにやってきたのですよ！　と私はいいたい。

さて、『プリズン・サークル』に戻りましょう。

その後機会があって視聴することができました。「島根あさひ社会復帰促進センター」での活動は、大勢の専門家に導かれていて、グループ活動（役割劇やゲシュタルト療法の椅子技法を含む）もあれば、個人面談もあり、話し合いの過程については、納得できました。サークルという仲間が大きな支えになる長い歴史、また伝統も形成されています。グループになった初めは、それぞれがそれぞれに個人的興味など持てません。そのうちグループの景色になじみ、メンバーの生活歴や犯罪歴を知るにつけ、感情を共有できるようになっていきます。これがまさしく隣近所ではない「共同体」の意義です。

このような素晴らしい更生プログラムが、各刑務所で実施できれば、どれほど再犯率が下がることでしょうか。人はキチンと自分に向き合わない限り、変わっていくことはできません。

つい最近、刑務所の更生概念が懲役刑・禁錮刑から回復（社会復帰）へと変わる刑法等の改正が行われました（2022年7月施行）。どのように話し合いが進められるかの私の疑問もDVDを見て解けました。

実践の目的は後述するシナノンとほぼ同じです。シナノン自体は、ずいぶん以前の活動で、私の原初的な体験ですが、以降多様な試みが多様なところで行われていることを知りました。

第2章

自分の言葉を見つけていく

——米国におけるフェミニストセラピィの発展と変化

初期段階における貢献者

本章のテーマ、米国におけるフェミニストセラピィの発展と変化に入る前に、1970年から1975年までの間にフェミニズムと心理療法を連結すべく、パイオニアとして文化的性差別の告発や制度の改革に広く貢献し、セラピィの「語り」を追求してきた研究者・実践家の名前を挙げ、その業績を紹介した雑誌論文の引用を記載しておこうと思います。雑誌は、フェミニストセラピィの専門誌「女性と治療 Vol. 40 2017」です。

全部で16名が挙がっていました。日本語の翻訳書があるとか、私自身が雑誌や著作を通して名前を知っているという観点で、そのなかから恣意的に10名を選びました。資料として私の知る限りいくつかの翻訳書を追加しました。

いずれにしてもこのような先達からたくさんの遺産を引き継ぎ、日本にまで持ち込んだ私自身としても、後学のためにもここに記して感謝を捧げるものです。

ジーン・ベイカー・ミラー　Jean Baker Miller

関係性文化理論（Relational Cultural Theory）の重要な理論家であり、ウェルズリー大学におけるストーン・センターで活躍し、協働グループメンバーにその理論を引き継いだ。彼女は、個人的にも、集団的にも幸せな存在に対する権力と周縁化のインパクトを特別に強調して、男女の発達における新しい考え方を提供した。

ジーン・ベイカー・ミラー著　河野貴代美監訳『yes, But…（イエス　バット）――フェミニズム心理学をめざして』新宿書房　１９８９（Jean Baker Miller "Toward A New Psychology of Women" Beacon Press 1976）。

アネット・ブロドスキー　**Annette Brodsky**

別の研究題目もあるが、主としてＣＲグループの効果について研究し、啓発した学者として有名である。また性暴力のダメージを顕在化させたジェンダー論の批評的論客であり、心理学者がクライエントを治療する時のよりよい倫理綱領およびガイドラインの普及に力を注いだ。

フィリス・チェスラー　**Phyllis Chesler**

著述家としても地球市民としても知られている。ポルノグラフィー、買売春、母親業、養育・保護、代理母、女性の自己防衛の権利、人種差別などの幅広いトピックスにおいて重要な貢献をしている。なかには反ユダヤ主義、イスラエル、イスラム教におけるジェンダー、宗教的アパルトヘイトおよびフェミニズム理論も含まれる。広く読まれた彼女の本や記事は、終始驚異的であり、重要な論争になる問題に最初に覚醒を促した。

フィリス・チェスラー著　河野貴代美訳『女性と狂気』ユック舎　1984（Phyllis Chesler "Women and madness" Avon Books 1972）。

E キッチ・チャイルズ　E Kitch Childs

法的、教育的なシステム内の変革を志向する体制に影響を与えた著名な学者であり活動家である。また金融機関、医療界、家族構成にまでインパクトを与えた。

ナンシー・チョドロウ　Nancy Chodorow

フェミニズム理論や精神分析に関連する仕事に関して、社会学、人類学、精神分析の学術的な分野を統合的に論じて深い影響を与えたフェミニスト理論家であり著述家である。彼女のよく知られた著作は、個性や主体性の重要性を強調しつつ、社会文化的な影響（すなわち文化）および外的内的心理学的ダイナミックな過程の相互作用を提示している。

ナンシー・チョドロウ著　大塚光子・大内菅子訳『母親業の再生産―性差別の心理・社会的基盤』新曜社　1981（Nancy Chodorow "The Reproduction of Mothering: Psychoanalysis and the Sociology of Gender"

University of California Press updated edition 1999)。

ミリアム・グリーンスパン　Miriam Greenspan

体験における政治的次元と霊的次元を統合するようなセラピィ・モデルを創造した、影響力のある著述家として知られている。

ジュディス・L・ハーマン　Judith L. Herman

著名なフェミニスト精神科医であり、知的な政治的活動家でもある。虐待やトラウマに関する多大な著作があり、『心的外傷と回復』が特に影響力を持つ。本書や他の学術的業績はこれまでの思索家世代にまでも影響を与え、翻ってこれからの世代に彼女の業績が伝えられていくだろう。

ジュディス・L・ハーマン著　中井久夫訳『心的外傷と回復』みすず書房　1996（Judith L. Herman "Trauma and Recovery" Basic Books 1992)。

レイコ・ホンマートゥルー　Reiko Homma-True

人種差別と性差別の二重抑圧に苦しむアジア系アメリカ人に焦点を当てた、セラピストであり活動家、かつそのリーダーであった。彼女は、アジア系アメリカ人にとっては独特な文化的多様性を主張するフェミニスト的回復アプローチを発展させ、マイノリティ心理学者のリーダーに強い影響を与えた。

レノアー・E・A・ウォーカー　Lenore E.A. Walker

フェミニストセラピィにおける素晴らしい思索家たちのリーダーであり、DVの概念や男女を問わない法的な存在に関する科学的また文化的な考え方および心理学への一般的な受け取り方に強い影響を与えた。またフェミニストセラピィ内での、セラピィを超えた社会構成に関する専門的な文化の形成に役立った。

レノアー・E・A・ウォーカー著　河野貴代美・井上摩耶子訳『フェミニスト心理療法ハンドブック――女性臨床心理の理論と実践』ブレーン出版　1994（L.B. Rosewater & L.E.A. Walker "Handbook of Feminist Therapy" Springer Publishing Company 1985）。

ジーン・マレセク　Jeanne Marecek

1960年代終わり頃に、フェミニストセラピィは撞着語法だと述べる人のいるなかで、心理療法を啓発していった。またメンタルヘルス専門家のなかでも最初にフェミニストセラピィを実践した仲間の一人である。彼女は女性運動からとってきた実践、倫理綱領、原理、そして目的を革新的なセラピィのモデルとして、さらに発展させ続けている。

初期段階の実践とは？

フェミニストセラピィは1970年以来発展し続けますが、当初フェミニストセラピィとは何ぞや、というテーマに沿ったたくさんの著作が書かれました。しかし方程式のようなものはなく、それぞれのセラピストが、各自のやり方でフェミニストセラピィを進めていったと考えられます。なぜならガイドラインとしてあるものは、唯一フェミニズムの哲学と思想に基づくセラピィというおおまかな規定でしかありませんでしたから。

たとえば、一人の実践家は「一般的なゲシュタルト心理学、行動主義概念、選択的理論、精神分析的カテゴリーを横断して、フェミニストセラピィを論じることの大変さがある。しかし私の考えでは、技法は比較的重要ではない。他の既述のセラピィとの大きな違いはその哲学（個人的なことは政治的という意味）にある」と述べています（Hannah Lerman "What happenes in Feminist Therapy" A Journal of Women Studies Vol.1 No3 1976）。

少し時間をおいてもう一人のセラピストも同じようなことを述べています。「フェミニストセラピィは、女性心理（J・B・ミラー）、発達理論リサーチ（C・ギリガン）、認知―行動療法テクニック（J・ウォーレル）、多文化認識療法（L・コメス－ディアス）、社会活動主義（L・S・ブラウン）等にそれぞれが密着したパッケージになっていて、どれかだけを取り上げることができない」(Kathy.M.Evans "What are the techniques of Feminist Therapy" Journal of Development of Counseling Vol.83. issue 3 2005)。

この2例でも、現存する多様なセラピィの技法が使われていることがおわかりいただけるでしょうか。

CRの影響は十分に記述してきました。セラピィ・セッションに持ち込まれた主訴は、「名前のない問題」――性別役割の克服というものから暴力被害からの回復というものまで、多種多様であったと思われます。

自己主張のトレーニングATについて

なかでもAT（自己主張のトレーニング）は、1970年代の初期から人気のある実践プログラムの一つでした。ATとは、簡単にいえば、相手がこうだと思うことを忖度して、自分の主張を抑制する行動パターン、つまり非主張的行動を変えていこうとするものです。私は

ATを紹介する最初の本『自分を変える本』（BOC出版　1977）を翻訳しましたが、その時米国にも自己主張のできない女性がいるのだなあ、と思ったものです。

ATの訓練とは相手の話を傾聴しつつ、必要があれば相手の言葉を確認し、その後自分の考えをキチンと主張するものです。女性は、主張できないことを自分の性格として受け入れてしまいがちですが、これを訓練できると考えることが興味深いと思います。

グループには訓練されたリーダーがいますし、CRとは違ってカウンセリング・ルームでの訓練は普段は有料です。やり方は、次のようなものです。毎回リーダーは、参加者に、具体的に主張できないごく普通の場面を提起してもらいます。たとえば、待ち合わせると常に遅刻する友人がいたとします。相手に不満をいわないで、無愛想な表情をするとか、逆にそれを隠すためにニコニコするとかの不本意な態度を見せます。結局、それは不満をため込むことになります。

AT的に期待される相手への言葉は、たとえば、「あなたが遅れたために、食事をする時間が短くなってしまったわ。楽しみにしていたのだから、これからは遅れないように来てもらえるとうれしいんだけれど」とかです。このように自分の気持ちに無理のない言葉を、役割劇をしながら探していきます。役割劇とは、提起された特定の場面において、クライエントが主張できない相手をリーダーが演じ、会話を重ねながら、自分の気持ちに近い納得できる言葉を見つけていくものです。これは斬新な方法です。

グループ・トレーニングとして週1回、12回程度（参加者は10人前後）、役割劇などを取り入れながら行っていく。トレーニングとして明確にシナリオを具体化し、また周りのメンバーも、それぞれの主張についての感想を伝えあう。「もう少しキチンといわないと伝わらない」などと。このようなところが斬新です。

もちろん、それだけの実践で、すっかり自分を変えることは不可能ですし、ある参加者は、理屈はよくわかったが、いわなければ、主張しなければと焦る分、かえってストレスになったと話してくれました。初めはそんなものでしょう。私は、役割劇で「怖くていえない」と思われている相手役になって、非主張者を困らせるセリフや態度がうまくなったものです。さらにリーダーをしながら、自身もずいぶん主張的になったと思います。主張すれば相手が〇〇と反応するだろうといった予測をしなくなるからです。相手の反応は、相手の問題であって、主張する側がそれに責任を持たなくていいのではないでしょうか。

カウンセリングにおける自己主張のトレーニングの活用

ところで、「自己主張の治療的な使い方」の必要性を表明しているのは、第1章で紹介したクロンスキーです。彼女の主張は明確でわかりやすく、非伝統的でもあり、事例もあるので、紹介します。

クロンスキーは、女性が自己主張できないこともさりながら、むしろ力を持つ女性が混乱してしまうのは、ややもすれば男らしさに同一化しようとして、それが社会的に受け入れられないからである、といいます。ペニス羨望と見えるものは、女性にとって無力感や被拒絶感の裏返しにすぎない。男性モデルに同一化し、社会的、経済的に受容される女性はわずかながらいるにしろ、多くの女性は文化の潜在メッセージに反応する。つまり期待されている抑制的な行動パターンをとるのですね。そして女性役割の制約に怒りを持ちながら、怒りを持つ自分自身に罪悪感をいだき、根深い恨みの感情を持つ自分を責めるのです。「最悪の自己懐疑は、自分が『去勢された女』か『キンタマネエチャン』のどちらなのか、ということである。これらのイメージは現代女性を悩まし、彼女たちの自然な主張要求を抑圧するように警告する」とクロンスキーはいいます。

彼女はさらに、クライエントの多くが持つ蓄積された怒り、裏返しの無力感、不充足感などを十分に受け入れ、男性に対する競争心、憎悪、羨望とこれまでみなされてきたものをより健全な自己主張と混同しないように援助することである、と続けます。ここは重要なポイントです。なぜなら、女性の自己主張は既述したように男性並みを目指すことではないのに、勝手とかわがままと同一視されがちだからです。男性と同一化することも、いたずらに男性と敵対することもフェミニズムの目的ではないと主張します。

「私は男性に対する怒りや競争心に光を当てた解釈を避けてきた。これらはクライエントから見れば男性を批判しているととられがちだからである。代わって、女性のより主張的な要求を明確に受け入れる態度を通して、注意深いコミュニケーションを目指した。女性の主張的要求は基本的なものであって、男性への競争心から派生したものではないのだから」とクロンスキーは続けます（Betty J. Kronsky "Feminism and Psychotherapy" Journal of Contemporary Psychotherapy Vol.3 No.2 Spring 1971）。

クライエントの問題を、絶えず異性関係の良し悪しに還元し、その重要性を強調する伝統的なセラピィに、これまでクライエントが異議を唱えなかったのも、常に男性の目を通して無意識に自己を見るよう訓練されてきたからです。また男性に付属した存在としてしか考えられなかったからでもあります。ちなみに1930年代に活躍した女性精神科医、カレン・ホーナイは、このような現象を見越して、すでに次のように述べています。「これ（女性の心理が、支配的地位を持った男性の願望と幻滅の沈殿物）にきわめて宿命的な因子として、次のものがさらに付け加わる。すなわち、女性は男性の願望に自分を合わせ、自分の適応が自分の本質だと思ったのである。つまり男性の意思が自分に要求するとおりに自己を見ている。あるいは、無意識に男性の思考の暗示にかかっているのだ」（カレン・ホーナイ著　安田一郎他訳『ホーナイ全集第一巻　女性の心理』誠信書房　1982）。

フェミニストセラピィは、女性の存在を異性関係に還元せず、多領域において活動できる力を持ち、また多方面で自己充足を願うトータルな存在として見るのです。

夫に「ノー」がいえない専業主婦にATを用いたケース

では、クロンスキーのケースの要点のみを紹介させてもらいましょう。

ジャンセンさん（以下Jと略）は9歳の娘を持つ元会社員、今は専業主婦です。彼女の主訴は閉所恐怖、それに伴う不安とうつ状態。彼女は第二子を作ろうという夫に「ノー」がいえません。第二子を持つと自由がきかなくなると感じています。すでにやりたいことをする自由を奪った娘に対する恨みと、そう感じる自分への罪悪感もいだいています。夫のJ氏は父親が支配的な家庭の出身。夜学に通い仕事を得た頑張り屋さんであって、家事・育児は全部妻任せ。

Jさんの症状は強まり、セラピィを受けはじめます。

セラピィが進むにつれて、Jさんは支配的な夫や義父に対する強い敵意を自覚しはじめます。

彼女の恨みや罪悪感はその底に強い敵意を内包しており、これまでの他人へのサービス精神は、それを知られまいとするJさんの防衛努力です。

彼女の無力感を表す夢。

「Jさんはヨーロッパのどこかで車を運転している。突然バスや車が彼女に向かって走りだし、Jさんは非常な恐怖にかられる。もう走り続けられないと思った彼女は、とある農家のそばに車を止め、車を一時的に預かってもらう。その車は義父のもので、彼は今ベルリンにいるから、後でとりに来るとその家の農夫に告げる」。義父に対する競争心（夢のなかで彼の車を運転することに象徴される）に焦点を当てる代わりに、クライエントの女性としての無力感に焦点を当てた分析がクロンスキーによってなされます。結果、主婦である女性が一般的に持つ無力感に対する理解がクライエントと共有されます。

「運転席（文字通りでも象徴的でもある）に座った時、Jさんは『車をコントロールできない』と思っている。それで、助けてくれる男性を必要としている」。運転免許は現実に持っていませんが、夢を話し合った時に、セラピストは運転免許をとることを勧めています。車をコントロールできないという恐れは、実はJさんの攻撃心の裏返しであることがクロンスキーによってはっきりします。

しばらくたってJさんは再度夢を見ます。「彼女は車で夫と主婦の鏡のような叔母を訪ねている。Jさんは、手前で降りるから車を止めてくれと夫にいう」。

夢についてどう思うかと聞かれて、イエス・ウーマンのみを求める夫やそれに応じようとする自分にうんざりしていたと応答します。夢のなかで「車を降り、自転車に乗り、公園に行ったJさんは見るもの聞くものを楽しみ、素晴らしい一日を過ごす。夕方になって食べ物がないと思い突然恐怖におそわれ帰宅する。しかし夫とは絶対に口をきかないと誓うのである」(Betty J. Kronsky "Feminism and Psychotherapy" Journal of Contemporary Psychotherapy Vol.3 No.2 Spring 1971)。

セラピィの効果は？

この夢のなかで夫に対する恨みは表現されていません。より自立した女性であることや活動することの恐れに比べれば、それは二次的なものだからである、とクロンスキーはいいます。

Jさんは徐々に主張するようになり、男性に対する否定的な態度も消失しました。彼女はフルタイムの仕事に戻り、一人で映画やコンサートを楽しみ、ボランティアグループに関わりを持つようになっている、と。

このケースの特色は、珍しく夢を上手に使っていることでしょう。クライエントは見た夢を話したがるものです。古典的精神分析のように夢に象徴的な意味を持たせるのではなく、夢が何を訴えようとしているかを話し合いながら探ってみると、言語外の意識や感覚と繫がるものが見えたりします。特にこの場合のように、夢に出てくる主人公がはっきりしている場合には。

これはまぎれもなくリベラル・フェミニズム的な対応に見えます。男性は敵ではない、敵意を表現する必要はない、とクロンスキーは主張します。ATに焦点を当てた、わかりやすい技法で、普遍的な女性の弱点をうまく拾い上げ、回復に繋げているのは確かでしょう。とはいえ、フェミニズムが初期から槍玉にあげた家父長制や権力の問題が面談のなかで言及されなかったのだろうか、とは思うのです。実際にはもう少し長い面談であるはずのものを短縮しているので、仕方がないのでしょうが、その後、夫との関係はどうなったのでしょう。彼のマッチョ性はそのままで、Jさんが、人生を既述のように楽しむことができたのかどうか、と気になるところです。

ATのカウンセリングへの利用は、クロンスキーのような事例が他にあまり見られなかったので、彼女がいうほど、大いに活用されたとは思えません。カウンセリングの場で、実際に役割劇をすることが数回はありえても、役割劇が対話の流れを害していないかどうかに注意が必要だからです。クライエントが沈黙しようが、号泣しようが、饒舌であろうが、カウンセリングの場は二人の対話で進みます。役割劇では、別の場面になることによって対話がさえぎられることがないよう気配りをせねばなりません。

ATは人間関係の技術的側面を重要視するため、その限界を初めから持っているといえますが、ATの技法については次のような批判的問題提起も見られます。

「①女性は本当に主張性に欠けるのか　②何が有効な主張性かはわかっているのだろうか　③主張的であることの結果はどうか　④個人にとって自己主張のトレーニングは、女性の個人的な目標、専門的目標を達成するのに可能な、最も望ましい方法であるのか」（河野貴代美・井上摩耶子訳『フェミニスト心理療法ハンドブック―女性臨床心理の理論と実践』ブレーン出版　1994）

米国女性へのこの疑問に私自身は答えられませんし、カウンセリングに有効かどうかというなら私は使わないでしょう。ATはそもそもグループ・トレーニングとして考案されているので、別の方法として考えたほうがいいと思います。しかし、初期のフェミニストセラピィが、技法としてのATを採用した気持ちはわかります。やり方や考え方がわかりやすいからです。いうまでもなく女性の非主張的行動パターンを建設的な主張的行動に変えていく訓練は非常に重要だと思います。

技法か、社会構造か

フェミニストセラピィ実践については当初から概念に関する対立があります。簡単に触れておきましょう。たとえば、S・ペンフォードやG・ウォーカーは、「フェミニストセラピィは技法としてではなく、一つの観点――ものの見方、理解のしかた、そして人との結び付き――として考えるべき」と主張し、一方、M・ラッセルは「個別的で特別な技法の核心から生み出された独特のカウンセリング・メソッドとして考えるべきである」と提案します。このような論争は、フェミニストセラピィが伝統的なセラピィを拒否した出自に負っています（Mary Valentich "Feminism and Social Work Practice" F. Turner ed. Social Work Treatment: Interlocking Theoretical Approach Free Press 1982）。

後者、ラッセルの考え方は相当に野心的です。もしフェミニストセラピィが独自のカウンセリング技法を生み出せるとすれば、フェミニズムの視点に立つ、新しい発達理論や人格理論が必要となります。性差別的文化のなかで、女の子はどのような心理発達を経験し、それは女性のパーソナリティ構造にいかなる影響を与えるのか、それは徹底的に男の子とは異なるのか、等の理論構築が基盤になるはずです。キャロル・ギリガンは、女の子の道徳的発達を考察しましたが、セラピィの技法として進化させるまでには至っていません。そのためにはセラピィの実践のみならず、心理学が埋め込まれた文化や歴史の解読が不可欠で、学際的な協働も必要であると私は思います。ラッセルはそれらすべてを視野に収めた方法論＝技法の確立を述べ、前者、ペンフォードとウォーカーは、技法に拘らずクライエントの背後の社会構造を読み解き、その理解をクライエントともども受け入れる視点に留まることを示唆しています。

社会構造とは、「個人的なことは政治的」のスローガンに表されるものですから、その視点のみを使って、クライエントが癒され、回復していくのは、カウンセラーとしての体験からいって非常に困難だと思われます。「個人的なことは政治的」のスローガンは、性差別の社会構造を問題にしています。そのなかにクライエントもいて、問題も出てくるわけですが、問題は常に個別的です。たとえば前に挙げたJさんを考えてみると、ケースのなかに書かれていませんでしたが、彼女の閉所恐怖は、広い意味では性差別的社会に結び付けることができるとしても、彼女の症状をこのスローガンのなかで解釈するのはすぐには無理でしょう。

一方でフェミニストセラピィの技法として何があり、どうあればいいかは、いまだにこれといった答えが提示されてはいません。またセラピィの技法に関して、詳細に会話が収録されている著作は見当たらないといえます。しかし当たり前の結論を持ってくれば、両方必要であることはいうまでもないでしょう。

性暴力被害と偽記憶症候群

1990年代後半から2000年初めまでに、「偽記憶症候群（False Memory Syndrome）」と呼ばれる「事件」が起こりました。フェミニストセラピィを名指しして、直接これを糾弾した事件ではないものの、性暴力被害に関わる案件であり、またフェミニストセラピィが特に性暴力被害に深く関わってきたところから、ここに挙げることとしました。

一部のセラピストたちが、クライエントに催眠薬物を使って、催眠療法を行いました。催眠状態といっても眠りが深くなく、しかし薬物の効果で防衛機能はある程度解除されているために、不十分なりに話すことはできるわけです。半覚醒のまま、幼くてよく記憶できていない性被害体験とか深層レベルにまで抑圧されているそれらを意識に浮上させて、そこで浮上した（とされる）暴力の被害を改めて聞き、また聞き直し、治療しようとしたものです。記憶回復療法（Recovered Memory Therapy）と呼ばれました。

記憶回復療法が行われるようになった背景には、性被害体験とその被害性の酷さおよび親族の関わりを告発する書物が上梓されるようになったことがあります。たとえば『魂の殺人――親は子どもに何をしたか』（A・ミラー著　山下公子訳　新曜社　1983）とか『生きる勇気と癒す力』（エレン・バス、ローラ・デイビス著　原美奈子・二見れい子訳　三一書房　1997）などです。『心的外傷と回復』（ジュディス・L・ハーマン著　中井久夫訳　みすず書房　1996）も親族関係という契機の重要性に大きな影響を与えました。『魂の殺人』は、子どもへの親の圧倒的な力について、『生きる勇気と癒す力』は、女性の原因不明のうつは幼少期に受けた性的虐待の記憶を抑圧している可能性が高いから、虐待されたと感じているならそのように主張するべきである、ということが述べられています。

以上のような書物やそのような主張が発端となって、記憶回復療法によって「記憶を回復した」被害者たちが、加害者である親族を裁判に訴えることが行われるようになっていきます。著名なフェミニスト精神科医であるジュディス・L・ハーマンは原告側に立ったと聞いています。

被告（訴えられた親族）側に立った専門家が、認知心理学者のエリザベス・ロフタスです。訴えられた親族は、自分たちは訴えられるようなことをしていないと主張し、このロフタスと一緒になって、概念をそのまま使い「偽記憶症候群財団（False Memory Syndrome Foundation）」を作り、逆に訴えます。結果、一部のセラピストやカウンセラーは、裁判に敗れ、莫大な賠償金の支払いを命じられたといいます。

記憶に関するある実験が行われました。「ショッピングモールの迷子」といわれる実験です。成人の被験者に対して、家族から聞いた本当のエピソード3つに、子どもの頃ショッピングモールで迷子になったという虚偽のエピソードを一つ加えて、被験者がその4つとも本当の話だと思い込むようになるかどうかを試すのです。

実験の結果のせいかどうか不明ですが、記憶回復療法の試みは、2000年にはまったく行われなくなりました。その後、本件に関する著作がたくさん出ましたが、ほぼすべて記憶回復療法への批判です。たとえば、"Diagnosis for Disaster: The Devastating Truth About False Memory Syndrome and Its Impact on Accusers" Claudette Wassil-Grimm (Overlook Books 1995)、また、"The Truth about False Memory Syndrome" James G. Friesen (Wipf and Stock Publishers 2019) です。

近親姦の実態は、フロイトの時代にさかのぼり問題化されています。フロイトを訪れる「神経症」の女性たちがことごとに近親姦体験を述べ、あまりの多さにフロイトは呆れ、そんなはずはない、とその事実を却下してしまったという話があります。フェミニズム以後、フェミニストセラピストたちはそのことに大いに不満で、たくさんの論評が出ました。そのうちの初期の一人は、フローレンス・ラッシュという精神科ソーシャルワーカーでした。彼女は、1971年に所属する「ニューヨーク・ラディカルフェミニズムとレイプ会議」においてフロイト理論に反論を試みています。1950年代、1960年代は、近親姦は話題にならず、フロイトに批判の声をあげることも考えにくかったためです。しかし、ラッシュは、女性の社会化の過程で、男性の圧力を恐れ、黙ったまま従属性を受け入れてきたことを、発言できなかったことの理由として挙げました。

ラッシュは、その後NOWなどでも活躍してきましたが、フェミニズム定期刊行物の第一巻に、たくさんの子どもが性暴力の犠牲になってきたことを書いています ("Women, Power, and Therapy" Marjorie Braude Ed. Routledge Press 1987)。

「偽記憶症候群（False Memory Syndrome）」に戻りましょう。子どもへの近親姦は、考えられないほど頻発しています。そのようなケースを第8章でお伝えします。わが国では、カウンセラーによる記憶回復療法のような治療法が行われた形跡はないし、性暴力に関わったとされた親たちが裁判に訴えられた事実もありません。

それにしても、私自身は、このような記憶回復療法に賛成はできません。性暴力の記憶は幼児期の曖昧なものもあれば、深く心底に抑圧されている場合も多々あります。そのうえカウンセラー側の質問も誘導尋問にならない保証はないからです。米国での裁判の敗訴は、誘導尋問であった可能性が透けて見えます。

明らかに後遺症として、生きにくさがあるとわかっている場合でも、クライエントの問題と性暴力の被害をただちに安易に結び付けることはできません。してはならないことです。被害で苦しんでいるし、日常生活の大いなる障害になっていることは、事実としてよくわかります。しかし、記憶自体が、時に幼児期になれば、さらに曖昧ですし、抑圧が自我防衛（精神状態を守るために、合理化などをすること）の一つとしても、あらゆる抑圧が精神生活に悪であるとはいい切れないからでもあります。どういう手段にしろ、ある種の作為でもって、クライエントにとっては辛い記憶を浮上させることは、究極的に彼女の回復に寄与しないのではないかと思います。

#MeToo運動、トランス女性が与えた影響

全米でフェミニストセラピィがどのように隆盛したか、あるいは弱体化したかについて、正確なところは不明です。私たちは、国といえばすぐに大きな塊として考え、たしかに米国もそうであるものの、州権が強い特徴があり、それぞれの州が独自の政治システムを持っていて（たとえばセラピストとしての州の資格等）、独自の憲法、司法制度を有しています。つまりは本節のテーマについて総合的あるいは一般的な状況を書きにくいことをご了解いただきたいと思います。

もちろん、時代の変化によってクライエントの主訴は相当な変化が見られます。どのような変化か、その一端として、フェミニストセラピィの専門誌である『女性とセラピィ』２０２１年度版、２０２２年度版から、掲載されている論文のテーマとともにいくつか紹介してみましょう。内容は長くなるので、主にタイトルのみにして、私の短いコメントを入れました。それでも変化の様相のいくつかを想定することができると思います。

【2021年度版】

「#MeToo時代における抵抗と回復」

フェミニストセラピィにとって、やはり #MeToo 運動のインパクトは大きいものがあるようです。わが国でも影響は大で、SNSの利用やフラワーデモによってアクションが示されてきています。とはいえ、どの国にもいえるように、性暴力被害は後を絶たないし、回復も容易ではありません。

「#ThemToo：#MeToo時代におけるトランス女性の排除される開示」

トランス問題が出てきています。「彼女たちもまた」です。もちろん以前からの問題であることは十分に考えられます。この論文全部の内容は不明ですが、要旨は次の通りです。「トランス女性はただならぬ比率で性暴力を体験している。とはいえ社会的なシスジェンダー正統論（身体的に女であるから女性である）のせいで、普通、人々はこのような比率に気がつかない。#MeToo のようなデジタルフェミニスト運動は時宜を得たといえる。この時宜は、いかにフェミニスト運動のなかにトランス排他的な開示が起きているかを伝える好機になっている。分析手段としてトランスフェミニスト理論を使い、我々は #MeToo 運動がさらなる暴力を許してしまわないように、トランス女性の身体性をいかに間違って受け取っているかを論議したい。男根を性暴力の〝原因〟として攪乱してしまっている事態を通して、我々はトランス女性が捕食者であるという想定をなくしたいと思っている。この行動蜂起の訴えをもって、我々は、臨床家にトランスジェンダーへの抑圧を終わらせるスタンスをとってもらい、トランス変容を受け入れてくれるようお願いしたい」

ある種のトランス女性とフェミニズムの関わりは複雑です。彼女たちは、トランス問題をフェミニズムに包摂してほしいと訴えているのですが、なかには、トランス問題をフェミニズムの中心課題にしろとか学会運営委員会のメンバーにトランス女性を入れろとかを激しく主張するメンバーがいて、学会などを攪乱し、伝統的な女性問題を主題にしたいフェミニストたちと対立していると聞きます。ちなみに、私が短期間学んだボストンのシモンズ大学は、「あらゆるジェンダー包摂（Gender Inclusive）」を主題にしており、トイレもW・M・GIの3か所があります。

【2022年度版】

「女性復員兵のための演劇を利用したプログラムを通した、軍隊におけるトラウマの治療効果」

米国で軍隊勤務が徴兵制ではなく志願制になった時、NOWに限らず、あらゆるグループでこれについての論議がありました。単純な男女平等の観点からいえば、もちろん是であり、平和が主題であるフェミニズムからいえば非です。これ自体は決して決着のつくテーマではなく、現在では論議の対象からは外れているようで、もう女性兵士は現状追認になっています。大統領選を戦うのはかまわないが、戦闘はダメといえないからなのでしょうか。1997年にデミ・ムーアがミリタリードラマ『G・I・ジェーン』で、海兵隊で徹底的に頑張りぬく女性兵士を演じていました。ジェーンは頑張りぬいて、男性仲間に称賛され受け入れてもらうのです。以降、軍隊で女性が主役の映画はたくさん作られており、女性監督のミリタリー映画もあります。女性監督であろうと、私自身、戦争映画はお断りしたいし、見たくもありません。

「セラピストと#MeToo：個人的な反応と専門家としての体験の質的調査」
「#WeToo：#MeToo時代における性的暴力のサバイバーとしてのセラピストの自己開示」

両論文とも #MeToo 時代を扱っています。#MeToo が #ThemToo になり #WeToo にまで及んだのですね。おそらく1970年代に比べれば、ずいぶん被害者も声をあげるようになりました。セラピストでも性暴力には遭遇します。女性としての経験を共有しようと訴えたフェミニズムの主題は、このように顕在化してきました。この論文では、セラピストが被害者としてカムアウトしたわけで、まさしく #WeToo です。

「難民としてカナダに渡ったシリア人の母親の体験：情緒的ワークとその克服」

文化や言語の違う国に難民として渡ったシリア人女性の面談の様子が報告されたものと思われます。難民の人たちがどのように他国で苦労するかは、想像するに余りありますが、それこそカウンセリングが必要になってくるのはいうまでもないでしょう。私たち日本のフェミニストカウンセリングは、日本語しか扱えませんが、通訳をつけてでも在日外国人に面談を求めてもらいたいものだと思っています。

(Women & Therapy, 2021 Vol.44, Issues3-4, 2022 Vol.45 Issue1)

フェミニスト家族療法ジャーナル

もう一つ別のジャーナルの論文のタイトルを紹介します。フェミニスト家族療法のジャーナルです。

「トランスジェンダーまたはジェンダー流動性(Fluid)と称する人たちの心理療法体験——質的

調査の組織的な振り返り」

Fluidとは曖昧、流体（流動体）といったような、流れたり、漂ったりする事態をいいます。ジェンダーそのものを問題にしないか、多様なジェンダーを行ったり来たりする、といってもいいでしょう。流動性を選んでいても、問題は起きるのでしょう。

「ノン・バイナリー（〝男女〟視しない）の子どもを持つ親たち――理解とサポートのストーリー」

ノン・バイナリーは二項分離ではない、ということですから、Fluidと似ていますが、少し詳細にいえば、ノン・バイナリーは男女を問わないという含意で、ジェンダー流動性はジェンダーを問わないことに加えて男女を行き来することもあります。つまり自分自身も相手もアイデンティティを男女に特定しないという子どもを持つ親たちの現状についてです。換言すれば、セラピストはジェンダーレスを受け入れていることになります。ジェンダーレス化する世界的傾向を理解するのは、古い世代にとっては非常に困難でしょう。

「フェミニズムとは、あらゆる領域に女性を登壇させる理想手段である――スーザン・H・マックダニエル博士：フェミニズムと医療的家族療法」

「私たちは決して諦めない、別の方法を探す――キャサリン・ハートイン医学博士：学問におけ

るフェミニズムと女性」

いまだ、女性が周辺化される事態は、米国といえども問題であって、どうすればいいかが論じられています。変化とはいえないもののあえて入れておきます。

(Journal of Feminist Family Therapy, Vol. 34, Issues 1-2, 2022)

わずか10本にすぎず、かつ内容を詳細に紹介できませんが、このようにタイトルを見ただけでも、時代の変化を感じないわけにはいきません。

トランス女性、ジェンダーレスをめぐる米国の現状

米国の現状について、既述のように人種、民族、セクシュアリティ／ジェンダー・アイデンティティ・ポリティクスによる価値観が紛争するなか、まず、「フェミニストセラピィは可能か」という問いを立ててみましょう。なぜならフェミニストセラピィは、女性の問題を、共有できる体験として一括して取り扱ってきたからです。1960年代後半以降も、総括的に述べられるような女性の状況は現在でもなおありますが、問題自体はとても個別的ですし、フェミニスト心理学会などで変化に対応しつつ実践を継続してきた歴史を見れば、できると答えら

れます。それぞれのフェミニストセラピストが、自分たちの志向性や方法でやってきたように、今後もやっていけるでしょう。

ここでは、2022年3月シカゴで行われたフェミニスト心理学会（AWP）におけるトランス女性問題の混乱と紛糾を私自身が漏れ聞いたため、フェミニストセラピストの友人4人にメールで質問しました。

一人は西海岸、一人は中西部、二人は東海岸。

質問は「トランスジェンダーまたはトランス女性をどう思うか」。

具体的には、

質問①　トランス女性とはどういう人たちのことだと思うか

質問②　あなたの周りで、どの程度のトランス女性がいるか。数ではなくて印象として

質問③　フェミニズムの当初、女性として差別された体験を共有していたことをどう思うか

質問④　もし彼女たちがあなたのオフィスにくれば、どのように処遇するか。彼女たちを受け入れるか、拒否するか

です。

中西部の一人は回答がなく、もう一人は回答が質問からズレていたため、ボツにして、前もって許可を得ていた二人の回答を許可を得て実名で引用するつもりでした。いうまでもなく、

数人の回答のみで米国の現状を普遍化するつもりはありません。しかし数人であっても意見があることは、知っておいたほうがよいと思ったのでした。

この二人ともセラピストとしての対応については、「私は基本的にトランス女性も平等に医療を受け、フェミニストセラピストにかかりたければそうすればよいと思っている。友人の一人（AWP古手フェミニスト・コーカス）は、多くのトランス女性をクライエントとして受け持っている」（西海岸の人）、もう一人は「私は最近引退しているが、1990年代には私のクリニックで、幾人かのトランスセクシュアルを受け入れた。他のクライエントと同じように『適応問題』で話し合った。このようなクライエントの目標は時に、常にではないが、医療的変容を決めることであったが、さらなる洞察や理解を求めているようだった」（東海岸の人）と書いてきました。

二人の返信は、論文ではないものの、メールへの返信としても、反トランス女性へのスタンスが明らかであるように思われました。トランス女性全部を対象にしているのか、一部なのかわかりません。二人ともフェミニスト心理学会でTERF（トランス排除的ラディカルフェミニスト）として名指されているようです。差別が先か、それへの反論が先か、にわとりと卵的論争な内容でした。詳細な背景がわかっていない私には反応も質問もできず、回答の記載を諦めました。そのまま記載すれば、反トランス女性として単なるプロパガンダにしかならないだろうと思ったからです。それは私の意図するところではありません。私のスタンスは終章で述べます。

ジェンダーレスの若者たち

ここでは、ある著作を紹介することにします。これも若者の一部に見られる現状であり、すべての若者を表しているのではありません。私としては否定するつもりはなく、ただジェンダーレスの問題がここまできているのか、と驚きを禁じえず挙げておくことにしました。原著は“Bi: Bisexual, Pansexual, Fluid, and Nonbinary Youth” Ritch C. Savin-Williams (NYU Press 2021) です。バイという原題は、一つではないという意味で、著者がインタビューをした若者のジェンダー(といえるかどうか?) 傾向を、4つに分けています。バイセクシュアル、パンセクシュアル、流動性セクシュアルと、ノン・バイナリーです。

著者はバイセクシュアルというカテゴリーはいかにも包括的、表面的で「Z世代（2022年現在12歳頃から22歳頃まで）やY世代（1980年代序盤から1990年代中盤までに生まれた世代）は、LGBTQのような伝統的レッテルをますます拒否していっている」と始めます。

要約すれば、バイセクシュアルは男女両性が対象になり、パンセクシュアルは、相手を選ばない。私の米国の友人は、言語的に厳密にいえば、パン（汎）とは相手は誰でも何でもよいわけで、神とだってセックスするといえるから、言葉の使用としてはどうかと思う、といっていました。相手は何でもよいとなれば、獣姦、死体姦なども入ります。現在でも性障害として『精神疾患の分類と診断の手引（DSM）』に入っていますが、この本が意味しているのは、そのような異常性愛ではありません。

たとえばパンセクシュアルのケースについては、上院議員やラッパー、俳優、モデルなどの名前が挙がっています。歌手のサイラスは、5年生の時自分はパンセクシュアルだと思ったそうです。小学生でこの言葉を知っているとは思えませんが、後から思えば、でしょうか。彼女は、男か女はどうでもよくて、美しくセクシーでタフであればよい、と主張します。

パンセクシュアルは「自分の成長経過に見合う選択的アイデンティティだ」と語っています。「選択的」とは、成長過程で別のアイデンティティを選択できるという意味か、誰でもいつでも愛の対象となりうるその選択性のことかもしれません。

さらに流動性セクシュアルの19歳のモデルは、ジェンダー・アイデンティティを選べないのは、「自分が日によって完全に男だったり女だったりする。いつもフラフラ（流動）しているからです。でも愛は愛でしょう?」。ジェンダー交換性において愛の内容は変わらないのでしょうか。

ノン・バイナリーは、「人のアイデンティティは内外の経験の連続性に依っていてそれで伝統的なアイデンティティが決まる。でもノン・バイナリーは、男女を決めないで、どちらでもない／どちらか少しずつ／両方のコンビネーション／ジェンダーの合い間またはジェンダーを超えて、ですよ」。

本書を読んで感じるのは、次のようなことです。

①このような若者は、ほとんどがソーシャル・メディア、ブログ、ニュースポストなどで育っている層の人たちです。すでに自分の生活のすべてをデジタル・アプリケーションで調達する層です。どの映画を観るかをアプリで探し、同行者をアプリで探し、です。それだけでも私のような古い世代とは違う文化に生きているように思われます。このような表現は、偏っているかもしれませんが、実感としてはそうとしかいえません。

②対象者の年代が若い。ジェンダーは、たとえば生殖期になればどうなるでしょうか。変わる可能性はあるのでしょうか。それ自体が問題にはならないのでしょうか。ジェンダー・アイデンティティとセクシュアルオリエンテーションの違いが明確ではありません。

③カテゴリーの多様化は詳細をきわめればきわめるほどに、その谷間に陥ってしまう人が出てくるのではないでしょうか。

④何よりも重要なことは、セクシュアリティとジェンダーの「区別」です。ジェンダー・アイデンティティなのか、セクシュアル・アイデンティティ、つまり性交渉の相手として見るのかは、どうなるでしょう。絶えず二者はイコールでしょうか。とはいうものの、彼／彼女らには、このような言葉自体、あるいはこの区別自体が射程に入っているようには見えません。

ジェンダーレスは、個々人の個性と多様性を引き出し、同性愛vs異性愛の二項対立を解消したといえるでしょうが、私としてはカテゴリーの功罪にセンシティブでいたいと思います。

第3章

語り、聞いてもらうことへの日本女性の飢え

——日本へのフェミニストカウンセリングの導入

「語り」へのこだわり

私がなぜフェミニストカウンセリングを日本に導入しようとしたのか。フェミニズムへの傾倒と精神科ソーシャルワーカーとしてのキャリアを結び付けてと、すでに書きましたが、本章では、もう少し丁寧に検討したいと思います。

その一つは「語ること」へのこだわりです。身体的・精神的理由で語ることができない場合や個人を除いて、「語ること」は人にとって根源的な要求であり、さらには人と人を繋ぐ貴重な手段の一つであると思います。

と書けばカウンセリングでは、「語ること」が唯一、カウンセラーとクライエントや二人の関係性を知る手段だと思われがちですが、そうでもありません。カウンセラー、クライエント共に非言語コミュニケーションは重要です。表情、なにげない動作、立ち居振る舞いなど非言語的な観察方法はたくさんあります。たとえば、クライエントは回復していくにつれ、服装が変わり、表情が豊かになるといった変化が顕著に現れます。とはいえ、「語ること」が主要な作業であることはいうまでもありません。

私自身は休んだり再開したりしながら、学生生活の最後から仕事を始めた頃にかけてのほぼ

3年間、米国でセラピィを受けてきました。米国の心理業界に入ろうとしている（現に入っている）学生等は、ほぼ全員がセラピィを受ける慣行があります。これを教育分析といいます。

セラピストは、できるだけ自分の問題を解決しておいたほうがいいということであり、それはその通り。自分が問題を抱えたままでは、クライエントの問題と自分のそれがオーバーラップしたり、距離を置いたりしにくくなることがあるからです。

なぜでしょうか。簡単にいえば、それほどクライエントとの関係には深い情緒的コミットメントがあるからです。もちろんクライエントと一体化してしまえば、カウンセリングになりません。時にカウンセラー仲間には共依存（クライエントの問題にのめり込み、クライエントと一体化している状態）を疑いたいような人もいます。私の大学院時代の学生仲間が就学中母親を亡くし、セラピィの期限を決めたモーニングワーク（喪の作業）をしていました。母親の喪失が、学業の障害になるようだったのかどうかはわかりませんでしたが、容易にセラピィを求める例です。

ちなみに、この後の第4章で詳述する米国のシナノンでは、ゲームに地域住民を参加させています。別に問題があろうとなかろうと、一般的に、語り語られるダイナミズムのなかで自分を見つめる、知るということの好きな国民であるというのではないでしょうか。多言語多文化のなかで、自分を見失わない必要性があるのかもしれません。

私のセラピィの理由を書くと長くなるのですが、端緒は米国での適応性や、既述したシナノン施設で抱え持ったままのアイデンティティの探求とか、結婚後は夫との関係も問題になりました。担当の精神科医は大学を卒業したばかりの女性インターンで、やさしい方でした。とにかく私と母の関係に焦点を当てたがっており、私にはどうしてもそこに大問題があるとは思えませんでした。母は基本的に愛情深い人だったし、私自身、思春期以降、家族より外のほうを向いて生きてきた、いってみれば中途半端な不良少女だったと思うのです。当時私はフェミニストセラピィを知らなかったので、単にセラピストは母子関係が重要という仮説を持つのだなあ、と思ったにすぎません。もしフェミニストセラピィを知っていたら、伝統的に家族史とか、特に母親との関係に焦点を当てるのか、とちょっと皮肉な目で見ていたかも。自分の思うようにセラピィが進まず困った彼女は、ついにスーパーバイザー（指導者）を引っ張り出してくる始末。それでもオンとオフを繰り返しつつ、3年にも及んだのは、料金がほとんど無料であったし、よく聞いてもらえる場は失いたくなかったからです。3年過ぎて何かが解決したというわけではないまま、終了してしまいました。

もちろんセラピィ体験が、自分をいろいろな側面から考え語る素晴らしい機会になったのは事実です。

つまり私は、カウンセリングという現場において、「語ること」と「聞いてもらうこと」という稀有な経験をしたのでした。

語れない人たちのこと

私は、しかし、「語れない」「語りたくない」事態にも遭遇しています。ガヤトリ・C・スピヴァクに『サバルタンは語ることができるか』（上村忠男訳　みすずライブラリー　1998）という、語ることと聞いてもらえることの相関関係を研究した素晴らしい著書がありますが、「語ること」は「聞いてもらうこと」が前提条件であると当該書は伝えています。

渡米前の6年ぐらい、1963年から1968年まで勤務していた精神科病院で、私は主として統合失調症の患者さんの社会復帰に携わっていました。入院生活が長くなると、それだけ社会生活の体験から疎外されるので、回復しても親族はすでに存在していなかったり、退院の受け入れを拒否されたりします。そうすれば一人暮らしになるわけで、細かな支援が必要になります。現在は地域社会における作業所とかグループホームでの支援がありますが、当時は、そのまま病院に居続けるという選択しかない事態になって、これを社会的入院といいました。

しかし私の勤務先の病院は、さまざまな先進的な社会復帰の試みに熱心でした。退院前にナイトホスピタルという、日中は働きに出て夜は病院に帰ってくる試行もありました。方針を提示し、職場を探してきて患者さんに詳しく説明し、ここに行く気はある？　と聞きます。しかし答えがない。退院を目前にしているので、行く気持ちがあるかないかは、当人にはわかっているはずです。でも彼らは「どうしたい？」という呼びかけに答えられないのです。何かを質問する、確かめる、さらに判断するという習慣を長い間忘れ、そのような言葉が失われているのでした。このような圧倒的受け身性が疾病の核心なのですが、失われた言葉はすぐには浮上しません。これを施設病といいます。私にはこの事態を理解するのに、時間が必要でした。

患者さんは、事情を説明してある雇い主に、何かと聞かれ、それに対応しているうちに、少しずつ言葉が出てくる。新しく発見していく。「語ること」とは、言葉以前に、どのような感情／意思／情緒が自分のなかにあるかがわからなければなりません。そしていかにそれらを言葉に繋げていくかという語彙の問題も出てきます。カウンセリングの現場とは、十分な時間をかけて、丁寧に自分と向き合い、「語ること」を習熟していく過程だといえるでしょう。

別の例を挙げます。ある時、私宅の座敷牢に入れられていた（私宅監置）女性の患者さんが入院してきました。Yさんと呼んでおきます。暴れたり叫んだりしておそらくもう家族の手に負えなくなってきたのでしょう。私は家族と面談した記憶がないので、私宅監置にいた期間は不明です。立って歩けず、いざって動くしかできなかったから相当な年月がたっていたと思います。年齢は30歳から40歳の間だったでしょうか。コミュニケーションは不可能で、興奮状態になれば服を破って裸になり叫ぶ、身体を壁にぶつける、食事を手づかみする等の危険な行為に及びました。彼女はコンクリートの片隅にくりぬかれたトイレがあるだけの「個室」に入っていました。

病棟に入るのに鍵があり、個室棟に入るのに鍵があり、個室の前にも鍵があり、より堅固な「牢」であることには変わりはありません。穏やかな時には、エビのように身体を丸めて寝ており、それはまるで子宮に戻った赤ん坊のように見えました。心のなかで「Yさん、お母さんのなかに戻ったのね」とささやいたものです。なお私宅監置は、1950年に法律で禁止されましたが、まだ存在していました。原義和監督『夜明け前のうた――消された沖縄の障害者』(2020)という、私宅監置を扱ったドキュメンタリーフィルムがあります。

担当ではなかったものの、私はときどき個室にYさんを訪ねました。訪ねるたびに私に「やっちゃん、来る?」と必ず聞きます。察するに、やっちゃんとは、これまでYさんに食事を運んだり相手になったり、何かと面倒を見てきた親族だろうと思われます。「うん、来るよ。待っていてね」といったりしましたが、それがおためごかしであることは、私が十分知っていました。Yさんが、実際に答えを期待しているのかどうかもわからなかったのですが。

こう書いている今、私には「やっちゃん、来る?」というYさんの、鮮明にしてしっかりした声や表情が心にこだまします。病んでのち、おそらく唯一Yさんが発しえた未来形の言葉。

やっちゃんに会いたい、やっちゃんはどこにいるの、どうして来ないの、とか、悲しみ、怒り、絶望、諦め、喜び（あったはずだと思いたい）を一緒くたにした、やっちゃんを求める彼女のあの声を、忘れるわけにはいかないのです。私の命が終わるまで彼女のあの声は決して変わることなく私と共生しています。あの声だけで私はＹさんを理解し受容します。あの声は彼女の生のナラティブであり、ＹさんがＹさんであるゆえんなのですから。

カウンセリングを通して自己を語り、自己覚知を目指す

以上は「語ること」に込められた私の想いです。なぜ私は日本にフェミニストカウンセリングを持ち込もうとしたかには別種の意図もあります。フェミニズムの総合的実践や各論運動の実践にもまして、フェミニズムを底上げするためには、個々の女性の意識改革が、まずは性別役割分担を問い直すのに重要だと考えたからです。「そうは思っても、わかっていても、なかなかそうできない」事実はいうまでもありません。女性解放運動の牽引者、フリダーンの著作の登場人物たちでも、あの本がなければ意識改革は難しかったでしょう。どの人の場合もインセンティブが必要ですし、米国の多くの女性には、そのうえにＣＲの実践がありました。個別にセラピィが必要だと思った時に、アクセスもあったのです。

わが国においては、根強い建前と本音という意識の二重構造があります。あまりにも意識せずにそれらを使い分けていれば、その乖離に気づくのも容易ではありません。そのためには私個人の体験からも、時間をかけてじっくり自分に向き合うカウンセリングという手法が最適であると考えました。カウンセリングがどのように受け入れられるか、受け入れられないかは、まったく不明でした。「やってみるしかなかった」のです。2年分のオフィスの家賃を用意して、それまでにダメになれば、畳んでしまうしかない、と覚悟を決めました。

幾人かの仲間に私の意図を語り、1980年2月東京に「フェミニストセラピィ〝なかま〟」を創設した当初、日本では個人カウンセリングは現在ほど知られていませんでした。幸いしたのは、その頃少しずつ主要メディアに女性が起用されはじめていた現状があり、さらにメキシコにおける1975年の第1回世界女性会議でメディアの女性たちと知り合ったことです。女性ジャーナリストはフェミニストカウンセリングの紹介記事をけっこう書いてくれました。フェミニストカウンセリングという目新しさもあっただろうし、これは私の勝手な想像にすぎませんが、まだまだ圧倒的に男性社会のなかで働くことが大変だという現実に対して、ひょっとして自分もカウンセリングを受ける機会があるかも、といった気分が彼女たちにもあったのでしょうか。ともあれ、閑古鳥が鳴くかもしれないという懸念は払拭されたのです。

日本の同胞も、声をあげ、語り、聞いてもらうことに飢えていたことがわかりました。

第4章

役割を離れた「自分」を模索する

――日本で始まったフェミニストカウンセリングの歴史

「あなたは誰？」への答えを考えるカウンセリング

さて、やっとわが国での実践にたどり着きました。

米国滞在中フェミニストセラピィ開業のことは伝聞しており、その目的についても大きな共感を寄せていました。残念ながら、私には、米国で実践する気持ちも機会もないまま、わが国での開業になりました。それでよかったと思っています。

日本におけるフェミニストカウンセリングについて、さまざまな側面から紹介していきましょう。その前に、米国のNOW（全米女性機構）での活動、CR（女性の意識覚醒を目的にしたグループディスカッション）の経験、ジェンダーに直接の関係はありませんでしたが、シナノンにおける「病気」の根源的な考え方は、私の実践を突き動かし、また深い影響を与えてきたことを強調しておきます。これらの経験がなければ、私はフェミニストカウンセリングに手を伸ばしたかどうかはわかりません。

米国では、本来カウンセリングはかつて就職相談の時に使われた用語だといわれています。より丁寧な相談といえるでしょう。現在米国では、就職相談は基本的にインターネットで行われます。もともと相談という言葉は、日本ほど広く使われておらず、一言でいえる英語もありません。使うとすればコンサルティングになるでしょうか。しかしこれはどちらかといえば、もっと実利的、現実的なノウハウを目指す実践のニュアンスがあります。

日本ではセラピィではなく、フェミニストカウンセリングと呼び換えました。その理由は、セラピィが治療という意味であるなら、フェミニストカウンセリングは治療を目的にしないからです。またカウンセリングのほうが理解されやすいからでした。しかし、お膝元の米国ではカウンセリングは使われず、フェミニストセラピィの用語は変わっていません。

ではカウンセリングとはどのような実践をいうのでしょうか。私見では、「あなたは誰ですか――who are you?」への答えを自分なりにカウンセラーと共に考えていく作業過程だということになります。要するにその人のアイデンティティを発見したり、見直したりする過程といってもよいでしょう。よく求められる健康保険証、運転免許証といったＩＤもそれへの重要な具体的答えの一つです。もっとも本書で使うＩＤ――アイデンティティは、そのような具体的な「何か」ではありません。

ここで読者にもお考えいただきたいと思います。もし「あなたは誰ですか？」と問われたら、あなたの答えは？

なかなか困難であろうと思うからこそ、自問をお願いしたい。もちろん、名前、年齢、仕事、国籍等々、具体的な事項は挙げるのが簡単です。そんなことはわかっている、でもまだあなたが誰かはわからないとさらに問われたら？　そう問われたのは実は私自身です。これはNOWでの初体験に関連して少しだけ既述しました。これまで何度か出てきたものの、説明が遅くなりました。少し後戻りをさせてください。

自助施設シナノンでの強烈で重要な出来事

「あなたは誰ですか？」は、アルコール依存者、麻薬依存者の自助施設で問われたものでした。施設は、シナノン（synanon）といって、名称の出自はシンポジウムがなまったといわれています。シナノンでのこの私の体験は、アイデンティティとしても、フェミニストカウンセラーの臨床家としても重要な出来事でした。またカウンセリングとは何かについての根本において深い影響を受けてきましたので、少し長くなりますが、ご紹介し、共有していただけたらと思います。これは、ある意味で、カウンセリングとは何かに答える、間接的であるものの、具体的な私の体験です。

1968年から半年間、私は東京の勤務先の精神科病院から米国はサンタモニカにある、アルコール依存、麻薬依存、「人格障害犯罪者」の自助施設における回復プログラムを学ぶために当地に派遣されました。私の勤務先病院はあえて、このような人たちを受け入れていたのです。日本は外国から麻薬が持ち込まれるより（かなり水際作戦が厳しく簡単にはいかなかった）、医者が求められて投薬し、それが依存症者を生むという悪循環が患者を作っていました。しかしそれにもまして、麻薬がひそかに持ち込まれて患者が増えるという時代になりつつあったのです。当時の副院長は厚生省（当時）の麻薬審議委員を務めており、機会を得てシナノンを見学してきました。日本では治療の方策もないままだったので、彼も感動したのでしょう。なんとかスタッフを送ってプログラムを学ばせたいと思ったのでした。

米国でも事情は同じ。彼／彼女の回復は困難をきわめました。高い料金を払って精神分析を受けても禁断は長くは続かず、薬、酒欲しさに犯罪さえ重ねてしまい、精神科病院と刑務所を往復するのが彼らの人生だったのです。

そのために自らもアルコール依存症者であったチャールス・デドリックが、AA（アルコホーリクス・アノニマスという断酒自助グループ）の体験から派生した、あるいは改良した多種多様なプログラムを作って、海岸の大きなホテルを買い取り、彼らのコミュニティを立ち上げていたのです。初めからそのような瀟洒なホテルではなく、1950年代後半からそこに至るまで住民との軋轢などの歴史がありますが、それは省略します。またシナノンは、常に伝統的精神医学や検察との闘いの場でもあったのです。私が滞在した1968年という時期は、ゲームに地域住民を招き入れ（ゲームには本来自己を見直すチャンスがある）、いろいろな問題が解決し一番安定していた頃であったといえるでしょう。

当時カリフォルニア州立大学ノースリッジ校の社会学部教授、ルイ・ヤブロンスキーはシナノンの活動に強い共感を示し、自分の学生をシナノンに送り込んでいます。私はそこでヤブロンスキーにも学生たちにも出会いました。ヤブロンスキーは「プログラムは、フロイト、ソロー、毛沢東、エマーソンなどを読み漁ったデドリックが主として創造したものである」と述べています（L. Yablonsky "Synanon : The Tunnel Back" Pengin Books 1967）。

先にCRについて述べた折にも、中国の人民公社での話し合いから学んだと書きましたが、当時の米国における価値体系の流動性のなかに中国文化が入っているというのは興味深いところではないでしょうか。

「自分」が丸裸にされるシナノンの手法

さて、シナノンにたくさんあるプログラムのなかでも、メインプログラムといわれるものが、彼らの呼ぶゲーム（アタック・セラピィ：攻撃療法）です。○○療法などとはいわず、あえてゲームと呼び、ゲームに参加することはプレイ・ゲームといいます。ちなみにAAではミーティングと呼びます。自助グループのこんな表現というか語彙に、まさしく伝統的精神医学への反発の顕著さを見ることができます。

では始めましょう。

まず15人ぐらいが丸く輪になって座ります。ジェンダー、年齢、各自の問題別にメンバーを選ぶこともありますが、普通は属するグループ（トライブ：部族という）から参加頻度に関連して選びます。カリフォルニア州はメキシコ人も多く、またプエルトリコからの入居者もいたので、スペイン語でのゲームは別に常にありました。

開始とともに、誰でもいいのですが、必ずいい出しっぺがいて、共同生活のなかでの、些細ないざこざや出来事を取り上げ、その原因となった人を20〜30分攻撃に晒します。たとえば、お前さん、この頃仕事を怠けがちだそうで、とか（入居者は全員何らかの仕事に就いています）。そのような非難に対して周りも大げさに加勢する。ほとんどの場合、対象者は弁解を始めますが、そのうち言葉に詰まって、泣き出したり、また怒りを爆発させたりしますが、攻撃はそれまで続きます。

1回のゲームが3時間ぐらいですから、その後、対象者は次々に変わっていきます。メンバーが変わると、途端にそれまでの被攻撃者はコロッと態度を変えて他人の攻撃に参加するのです。わりと気持ちを切り替えやすい米国人だからできるのでしょうか。一言でいえば、標的にされたメンバーは丸裸にされる感じ。ゲームの発端となるエピソードは、もともと「問題者」

である入居者。それには困りません。

たとえば私の場合はこんな風でした。はるばる日本から研修生として来ていることは（一入居者でもある）、誰でも知っており、またプログラムに参加するだけでなく、入居者とよく話し合い、彼らを理解するように勧められていました。そのために私はホテルのメインフロアーにあるコーヒーショップで働いていました。毎回ゲームには参加しましたが、それまで問題を起こしてゲームの話題になることもなく、「元気？」程度の声はかけてくれてもゲームではパスされる場合が多かったのです。

ある時、女性ばかりのゲームで、仲のよいAが私に「シナノン好き？」と質問の口火を切りました。精一杯の笑顔で「ええ、好きよ」と答えたら、すかさず「ゲームは？」とたたみかけられました。「う～ん、好きだけれど、言葉の問題で……」ウンヌンカンヌンといいはじめたら、急にAが「シナノンが好きなのもゲームが興味深いのも全部ウソだ！　あなたはウソつきだ。何が研修生だ。私たちと一緒じゃないか」と怒鳴りはじめたのです。Aはアルコール依存症者でした。

すぐに別人からも「なぜいつもニコニコしているんだ？」「日本に帰りたいか？」などと次々に質問が繰り出されて言葉に詰まった後、思わず「日本に帰りたい」と口がすべりました。するとと「帰れ！　帰れ！　すぐ帰れ！　なぜこんなところにいるのだ。荷物作りを手伝ってあげる」の大合唱。「いったいあなたは誰なんだ？」「そうだ、そうだ。私たちは研究者や専門家など必要ない」「あなたがここに学びに来ているのも、名前も、ソーシャルワーカーであることもわかっている。でも私たちにはあなたがわからない。あなたはいったい誰なのだ？」。

ニコニコしていた私の顔は次第にこわばり、一人の入居者としての共同生活の大変さ、言葉の問題、習慣の違い、日本への恋しさなど、抑圧されていた感情が出口を求めて噴き出しました。「窮鼠猫を嚙む」の心境で、「あなたたちもここも大嫌いだ」「一日も早く日本に戻りたい」などとめちゃめちゃな英語で、泣きながら怒鳴り返していました。おかげで、めちゃめちゃ英語での喧嘩がうまくなったものです。これがグループ／メンバーの目的です。

私が泣き止むのをじっと待ってくれていたAは、その後静かな温かい声で「キヨミ、今私たちは、あなたのことがよくわかった。あなたが何を感じながらここにいるのかがよくわかった」といってくれたのです。その後（こんな話はすぐに広がります）、「お茶を飲もう」「一緒に散歩しよう」という誘いがひっきりなしに寄せられたのでした。

「弱い自己」を晒すゲームの効果

徹底的に攻撃することが回復につながる意味について考えましょう。シナノン・プログラムのもとになったＡＡのミーティングには、確かな手順があり、参加者はこれまでの依存歴やその時々の苦しさ、また似た体験を持つ仲間への共感などを率直に述べていきます。初めは誰もがとりつくろうので、「率直に語る」のはなかなか困難です。しかし伝統的方法の、成育歴や家族関係とか深層心理を通した意識・行動に至るプロセスに気づき、なぜ自分が依存症者になったかを理解することに最初の重点が置かれるのではなく、なによりも現実（今）の行動、主として何をいい、どう振る舞うかが、対他関係において重要視されます。その過程を通して、「なぜ」に向き合い、少しずつその理由を理解していきます。また再度誘惑にかられ落ちそう（ドロップアウトしそう）になった時には、仲間に苦衷を話して助けられます。

さらに他者であるお互いを受け入れ、苦しみも禁断の期間の喜びも共有します。ＡＡのミーティングに攻撃はありませんが、それでもシナノンではこの手法を受け継いでいて、成育歴や家族関係から話が始められる伝統的考え方とは真逆です。シナノンでは居住者間の問題のみならず、地域社会の住民とトラブルを起こしたり、与えられている仕事を怠けたりすればすぐゲームで問題にされます。いうまでもなく、そのような行動自体より、行動を批判されたことへの本人の反応のなかに核心を見ていくことになるのです。日本でも、攻撃はありませんが、毎日作業をするだけの森田療法として知られる方法が似ているといえます。

一般的に、依存症の人たちは、他者の評価を気にし、また嫌われることを避けたがり、無理にサービス精神を発揮して他人に尽くしたがる傾向にあります。結果、自分をおさえることで生じる不満や怒りを隠し、代償として酒や麻薬に逃げてもいるのです。私自身は日本におけるAAのアドバイザーをしていました。彼ら自身、依存症者である自分の性格傾向をよくわかっています。精神医学は、現在でも、さまざまに見られる買い物依存、ギャンブル依存、愛情依存などの依存症にほとんど力を持たず、ほぼ自助グループのやり方を踏襲しているにすぎません。

シナノンで徹底的に自己の弱点を晒すこと（あまりにも手っ取り早いといえばその通りですが、自助的である以上、言語的暴力のような強制を加えないと、なかなかそういう事態になりにくい）、不安や恐れや孤独、孤立のような負の感情を表出することで「弱い自己」を認識し、受け入れ、受け入れることを認めてもらい、支えられて少しずつ依存から離れていく道筋があるのです。そして入居者で禁断を長期間続けている仲間が彼らの希望でもあります。

私は滞在予定であった6か月後、シナノンを離れ、ボストンに移りました。後でまた戻ってくることを仲間に約束しましたが、機会を得て大学院に入学し、約束は守れませんでした。仲間になぜ戻ることを約束したかといえば、正直であることや正直であることの居心地のよさをしっかり身につけたかったからです。さらに、強いこと／強くないこと、やさしいこと／やさしくないこと、厳しいこと／厳しくないこと、関わること／関わらないこと、などの新しい意味をよりよく摑みたいと思ったからでした。

しかしその後、私がボストンに居続けている間に、創設者のデドリックがあるスキャンダルに巻き込まれ、シナノンは残念ながら衰退、解散したと聞きました。シナノン自体の消滅と私のボストンにおける滞在の延長が理由で、シナノンの概念や方法を日本の精神科病院に持ち込みたいという副院長の意図は、消えてしまいました。

考えてみればシナノンの試みも、ある意味では、精神医学におけるパラダイムの変革だったといえるでしょう。

正直で自然な自分になること

シナノンでの私の場合についていえば、「いったいあなたは誰なんだ？　あなたのことがわからない」と糾弾され、泣き出した後、「あなたのことがよくわかった」と反応されました。このように、本当の自分の感情を正直に出すことがアイデンティティを示したことにはなりませんが、正直で自然な自分になることが「あなたは誰？」に対する答え（の一部）であることは、おわかりいただけたでしょうか。正直な自然体でいるあなたに、「あなたは誰？」という質問はこないでしょうが、問われるとすれば属性でしょう。ジェンダーとか年齢とか職業とか。

さて、フェミニストカウンセリングを訪れるクライエントは、自分自身への違和感、自分の気持ちとの違和感を意識しつつ、「症状」（必ずしも精神医学でいう診断名ではない）と呼ばれる問題に困って来所します。クライエントは困っているのです。私は、症状とは、自分を包んでいる「何か」だという認識でいます。包んでいる何かの探求もさることながら、玉ねぎの皮を少し剝いだ時に現れる自分をそれでよい、と認識した時点を回復とみなしたいと思っています。先を急がないでおきましょう。詳しくは、第8章の事例を見てください。

関連して『サリヴァン治療技法入門』（A・H・チャップマン著　作田勉監訳　星和書店　1979）他、本を通しての私の師匠である精神科医、H・S・サリヴァンのこんな話を紹介します。ある時の研修生との会話。「この患者さんはどういう人？」とサリヴァン。研修生は、さまざまに患者の統合失調症の症状を述べ立てました。サリヴァンは、「そんなことはわかっているよ。でもこの人はどんな人？」これにはどの研修生も言葉がなかったといいます。このエピソードは右に挙げた本に出てきます。彼はその人を病者として見る前に人として見ようとしました。彼は、患者を「包んでいるもの」より、包まれている本人を知りたかったのでした。いいエピソードではありませんか？

クライエントは初め違和感のようなものが何か、どうすればいいかがわからないものの、

「症状」といわれるものを話すことはできます。既述の、自分の感じ方への違和感。たとえば、バスが広場をぐるりと回ると、その方向にひっくり返ってしまうのではないか、という不安。また指を鋭いナイフでスーッと切り、血が止まらないイメージが消えない、洗濯機を何度回せば洗剤が落ちるか不明だ（機械がそれを決めていることを信じない）、性暴力の被害のためにＰＴＳＤ（心的外傷後ストレス障害）になり、外に出られない、人間関係がうまくいかない。「ノー」をいうと相手が困るのではないか、怒るのではないか、嫌われるのではないかと勝手に思い込んで「ノー」がいえない。ジャンセンさんのケースでよく似た誤認識を持っていることを記述してきました。拒食症の女性なら、鏡に映る自分の姿を痩せていると認識できません。これは認知の障害です。

つまり、多くのクライエントは、周囲や自己認識を主観的に受け取ったまま、それを検証できていません。たとえば「ノー」をいうと相手が困るのではないか、怒るのではないか、といった認識で固まっていて、自縄自縛になっています。彼女たちは、「内なる少女」といえるようなものを抱え持っています。

母が娘に植え付ける欠損感

フェミニストカウンセリングで目指す回復＝成長論は、まずこの「内なる少女」への認識から始まります。

これはもともと自分自身が満たされていないという欠損感を持った女性のことです。特に女の子は、素直でやさしくあることが望まれるし、母は夫や彼の親族との葛藤で、娘をカウンセラー代わりにして愚痴をいい、娘自身が求めている要求を掬い取る必要に気がつきません。娘もこの立場に慣れてしまう。これは、フェミニズムが問題視してきた「母－娘問題」です。端的にいえば、母親は、あまりにも娘との距離が近いために、娘を同一化しており、自己の延長として見ています。自分と違う欲求を持つ娘を制御するし、時には怒りを持ってしまいます。

そこで娘は他者優先志向に走り、防衛的になり、親密さ、援助が必要な時の依存のしかたがわからない等の弱点を持ちはじめます。これが「女らしさ」のジェンダー規範に含まれる受け身性、従属性、消極性、過剰適応、他者優先であり、幼少時から自分の精神的欲求を抑制するようになっていきます。いうまでもなく、これらは自己評価の低さを招来し、自己受容を妨げます。かつて評判になった「愛しすぎる女たち」（ロビン・ノーウッド著　落合恵子訳『愛しすぎる女たち』中公文庫　2000）です。愛しすぎるとは、逆説的な表現で、愛しすぎる、つまり相手に身も心も捧げてしまい、自分にまったくかまわない状態を指します。もう少しいえば、相手にかまけて自分自身の問題から無意識に目をそらそうとするような状態、そのことが自分に必要である状態のことです。

いってみれば母親自身もこのような体験のもとで育っているのです。

フェミニストカウンセリングでは、このような社会的成育歴を持った女性のエンパワーメントを支援します。過程を要約すれば、心的レベルにおけるさまざまな葛藤や、そのために引き起こされる不安、混乱、うつ状態を、カウンセラーの援助を得ながら、認識、理解、整理し、究極的にはその人が「この自分でよい」といえる次元にまで、その人自身の感覚で解きほぐせるようにしていこうとする作業です。性暴力被害のクライエントでいえば、元の自分に戻るのではなく、より新しい自分を獲得することが目的です。

面談の過程で、やがては自己の言葉が、こだまのように内面に入って返ってくるようになります。そしてやがて自分にまとわりついている何か、それ自体が自分でないことを理解する、あるいは「症状の軽減」がされたままの自分を受け入れられるようになっていきます。それをカウンセラーと共に探っていき、自分が納得するような居心地のよさを得るようになります。それらはたとえば、「風呂に入ってスーッと身体を思い切り伸ばした感じ」とか「注文したものと違うので、思い切って取り替えてください、と頼んだら、まあ、それはすみません、と謝ってくれた。いってもいいんだと思った。頭の霧が晴れたというか世界が変わった感じ」などです。

精神的問題と正常な精神的状態の境界

問題と正常の境界。これにも触れなければなりません。しかし考えてみれば、本当に境界はどこにあるのでしょうか。これまで「精神病」ではないのに、そのように間違われてきた多くの人々が歴史のなかに存在します。女性役割と病者役割で二重に拘束された女たちの歴史は、フェミニスト・ライターの労作『屋根裏の狂女』（サンドラ・ギルバート、スーザン・グーバー著　山田晴子・薗田美和子訳　朝日出版社　1986）や『心を病む女たち—狂気と英国文化』（エレイン・ショーウォーター著　山田晴子・薗田美和子訳　朝日出版社　1990）などに顕著に表されています。

ずいぶん古い映画ですが、『カッコーの巣の上で』（1975）という、精神異常を装って刑務所での強制労働を逃れようとした男が、患者の人間性までをコントロールしようとする精神科病院から、彼の自由を勝ちとろうとする物語も感動的でした。従順ではない主人公は、ロボトミー（感情のコントロールをする脳の前頭葉を削除する手術）を施されかけて病院からの脱走を試みます。米国の映画館でこれを見た私は、最後に主人公が脱走に成功した時、観客から拍手が湧いたことを覚えています。あの拍手は単なる成功譚へ、だったのでしょうか。

引き続き、映画でいうなら、私が特に感動したのは、バーブラ・ストライザンドの主演した

『ナッツ』と題されたアメリカ映画（1987）です。ナッツとは木の実ではありません。精神障がい者を卑しめる英語の俗語です。

主人公は、高級コールガール。ある時、客に部屋を荒らされ、そのうえ酷いことをされて、抵抗のためにガラスの切れ端で、相手を傷つけ、死に至らしめます。娘の死刑を恐れた親が、彼女に精神異常者として振る舞うようにいい、死刑を逃れさせようとします。仮に死刑は逃れられたとしても、精神科病院への強制入院です。どっちもどっちです。さらに彼女は思春期に実父から性虐待を受けていました。

親のシナリオに抵抗して、裁判やヒアリングの場で自分は正常だと強く主張する場面の素晴らしかったこと。主人公は、自分がコールガールであることや自分がある種「突出した」女らしくない女であることを認識しつつ、でも自分は決して狂っていない、自分は正常で、精神科病院に行くわけにはいかない、と主張するのです。忘れられない映画の一つです。

ずいぶん古い映画を持ち出しましたが、もうハリウッドは、このようなオーソドックスな社会派映画を作ることはないのでしょう。とはいえ、現状がたいして変わっていないことは、日々のニュースで知るところではないでしょうか。

フェミニストカウンセリングにおいては、クライエントとカウンセラーの合意において、クライエントといわゆる健康な人との間の連続性を重視します。第7章の「脱病理化」で詳述しましょう。

フェミニストカウンセリングが扱う問題

身体の病いは、身体そのものが損なわれます。一方、精神的問題は、間接的に身体が損なわれることがあるものの、医学的にどのように損なわれているかが判明していません。たとえば心身にまたがる心身症の場合、患者さんは身体のどこそこが痛いと訴えて、整形外科などに行きますが、現在の検査方法ではどこにも悪い所見は見られないといわれます。

あるクライエントは、風邪の後、熱が下がらないと訴え、幾度も医者に行きましたが、熱はないといわれる。でも（心臓をおさえて）ここの深いところに熱があるんですよ、と私にはいいます。熱があるのは自分にしかわからない、医者にはわからないのだ、といい張って医者と喧嘩したといいます。熱が本当にあるかどうかは誰にもわかりません。拒食症は、完全に身体の問題になり、それが原因で、場合によってはカレン・カーペンターのように死に至りますが、それは意図的な拒食によって生じた身体問題であり、意図的な拒食は心理問題です。

シナノンに関連してアルコールや麻薬依存症を取り上げました。これらの依存症も「精神障がい」として位置づけられていますが、これほど曖昧な境界もありません。

私の知人の男性には、現役時代、終業後毎日飲酒し、時には、終着駅まで行ってしまい、駅で始発を待ったとか、カバンをどこかに置き忘れて、入っていた相当額の現金を失くしたとか、何かにぶつかったのか血だらけで帰宅したとか、限りないエピソードがあります。でも翌日は会社に出かけ、相当な地位まで行ったとか。私はその人の妻に相談されて、アルコール依存に近いねえ、とはいいましたが、彼がボロボロになる（この表現が正しいかどうか）のは飲んでいる時のみ。お酒が好き以上の、彼にはそうするべき理由があるのだろうと思ってきました。結局私は彼にも妻にも何もできませんでした。退職した今も彼は元気で、でも昔ほど酔いつぶれはしないものの、毎日三度の食事でも飲みたいのだそうです。

また、物故した私の親友は、いろいろな恐怖症のある人でした。たとえば高速道路での下り坂は、急坂であればあるほど前のめりで車が前方にひっくり返ってしまうのではないかと恐れ、極端にスピードを緩めましたし、高所恐怖もありました。もちろん普通に暮らしていて決して変わった人ではありませんでした。

私がいいたいのは、誰でも何かへの依存傾向やフォビア（恐怖症）を持っているということです。「神経症」にしても。あるのは、基準ではなくて、その程度の差――本人や家族がどう困っているか――だと考えています。

すなわち私にとってもフェミニストカウンセリングにとっても、カウンセリングとは、症状や問題が何かよりも、まず、その女性の訴えを真摯に受け止め（こんなつまらないことで来るのは恥ずかしい、とクライエントはいいますが、でもそれはあなたにとって大事なことなのでしょう、と返します）、彼女を丸ごと理解することであり、彼女のエンパワーメントを促進することです。そして究極的には、自分であっていいという状態を自己受容できるように、この性差別的社会構造においていかに助けられるかが重要です。

そんな曖昧な考えでは、誰が「正常」で誰が「異常」かの境界のない、混乱社会（仕切りのない社会）になるのではないか、との反論があるかもしれません。精神科クリニックの戸を叩くのも、フェミニストカウンセリングを訪れるのも、本人が困っているとか、周りが迷惑しているとか、それのみが基準だと考えています。私はそれでいいのではないかと思います。しかしいくら周りが困っていても、本人が来所したい（するべき）と思わなければ、どうしようもありません。本人にとっても周囲の人たちにとっても「困った人」をも包摂しての社会ですから。

それでもどんな人がクライエントなのかは、興味のある話題でしょうから、訴えの分類については、第5章で述べ、資料として巻末にアセスメント・シートを掲載します。

米国でのセクシュアリティ／ジェンダー・アイデンティティ・ポリティクスの相克とその一方でジェンダーにこだわらない若者の存在についての著作を第2章で紹介しました。ここでも社会は混乱の様相を呈しています。分断とか、カテゴリーの強化とか呼ばれているようですが、逆にそれによって顕在化したのは何でしょうか。

私はかねがね人間の「過剰さ」を考えてきました。「過剰さ」は、脳の作り出したものだ、と脳科学者ならいうでしょうか。コンピューター科学は、脳機能を拡張し、車は足の延長になり、飛ぶ羽を持たない私たちは、飛行機を持ちました。

最近、著名な僧侶であり作家である女性が相当な高齢で亡くなりました。活動は膨大に広がり、死ぬまで書いていたいとおっしゃったそうです。友人の一人は、彼女を「欲の深い人だ」と称しました。良し悪しの判断としてではないので、どうか誤解しないでください。なるほど、そういえるのか、と。動物を私たちが愛でるのは、多分彼らには、彼らの「存在的節度」とでもいいうる本能があり、それをいとおしいと思うとすれば、彼らへの私たちの愛もそのあたりにあるような気もします。

人の仕事の多くが、やがてはＡＩに取って代わられるとして、地球を捨てて他の星に移住することを目論むとすれば、人間とは「何」であって、どこに行こうとしているのでしょうか。「人間は人類という厄介なものを抱え持っている」といったのは哲学者ハンナ・アレントでした（志水速雄訳『人間の条件』ちくま学芸文庫　１９９４）。哲学者ではない私には、人間存在の根本は混沌としているとしかいいようがありません。

第5章

「可能性」を広げる

――フェミニストカウンセリングの発展

『自立の女性学』（1983）、『女性のための自己発見学』（1985）の時代

フェミニストカウンセリングの展開可能性がわかり、これを進めていく自信がついた当初の3〜4年間に、私は2冊の書籍を上梓しています。『自立の女性学』（学陽書房　1983）と『女性のための自己発見学』（学陽書房　1985）です。これらを初期の象徴とするのは、日本でフェミニストカウンセリングを始めた私の立ち位置がわかっていただけるだろうとの意図からです。

『自立の女性学』のサブタイトルは「なぜ自信がもてないか――一人立ちへの心理と行動」です。女性の自己評価の低さは、帰国後すぐに了解されて、それが内容のもとになっています。女性の自己評価の低さと自信欠乏は現在でも問題であり、トップキャリアといわれる女性のなかにさえ、見え隠れしますから。

「女性には自己感覚が希薄なことに私は長いあいだ多大の関心を寄せてきた。しかし『青年後期における自問自答――私とは何かという問いは元来男子青年のものであり、女性でこの問い（私とは何か）を行う人は稀で、彼女は若きインテリとして早くから男性原理を内側に叩き込み、それゆえいわゆる女性的価値の実現を多少犠牲にしてきた者である』（笠原嘉《よみし》『精神科医の

ノート』）という男性精神科医の説に、私は賛同できない」と始まります。

20世紀末の急速なテクノロジーの発展と、その一方で起きたかに見える精神的荒廃を背景にして、取り残された女性の生活に焦点を当て、女性にとっての自信とは何か、自己確立とは何かを論じています。男性精神科医のいう「私とは何か」を問わないはずの女性の目前にあったものは、彼女たちの伝統的役割に対する幻滅や混乱の増大であり、また女であることの意味の喪失でした。「私とは何か」を問うたからこその結果ではないでしょうか。

自立が問われる時代の過渡期の女性心理として、「対人恐怖、アルコール依存、うつ病などの精神病理現象」をフェミニストカウンセリングの視点で捉え、アイデンティティの確立に至る要素を挙げています。

それらは、
・自己評価
・自己決定
・自己表現
・自己実現
です。

また男性によるワンパターンの女性論――多いのが、女性の無知、無能――も取り上げて、その当時の女性の現状を提示しています。

『女性のための自己発見学』のテーマは「自立と自律へのアプローチ」です。

再度拙著を手にとり、このように書いてみれば、序章で述べた、かつてのリベラル・フェミニズムの影響を、私がまさに正統的に受け入れていることがよくわかります。「自己評価」「自己決定」「自己表現」「自己実現」という目標は、たしかに欧米的といえるかもしれません。もっとも本家では、このような言葉が目標とされた記述に出会ったことはありませんが。

私がリベラル・フェミニズムの立場にいることを考えてみれば、11年近くに及んだ滞米生活でアジア人マイノリティであることは確かでも、そこに同一化できず、一時的な居住者意識が抜けることはありませんでした。

むしろ戦後すぐに受けた民主的教育の影響のほうが強いように思われます。労働運動等、さまざまな社会活動の影響も。私は戦後民主主義世代で、民主主義は私の根幹をなす柱といってもいいと思います。

「自己評価」「自己決定」「自己表現」「自己実現」の4つの要素については、日本の女性になじむのか、と評されたことを覚えています。どのようにして、目標の一つひとつにたどり着けるかは、一人ひとりの女性にとって決して容易だとはいいませんが、概念は日本の女性にキチンと届いているという実感はありました。クライエントたちはその意味で十分に近代的でした。

フェミニストカウンセリング講座の開設

これまでしばしばカウンセラー養成講座の開設を求められてきたことを記述しておきましょう。求められながら躊躇していた理由は、このような講座を受ければ、すぐにでもカウンセラーになれると期待されるとか、親族や友人に困った人がいるが、自分が講座を受ければ何か助言ができると短絡的に考えるかもしれないといった類の懸念があったからですし、何よりも修了後の就業援助へのアクセスを持っていなかった事実があります。

ところが某カルチャー・センターの「カウンセリング講座」の、最初からカウンセラーを目指さない、お互いがピア（仲間同士的）・カウンセラーであればいい、「仕事として」考えなくていいではないか、という男性講師の主張を知って、これがある意味で刺激になりました。どこでも日中の受講生は圧倒的に女性です。私を突き動かしたのは、女性の可能性を初めから制限するような彼の言葉への反発でした。それならフェミニストカウンセラーとしての仕事を目指そうではないかという促進力になりました。

初めての講座は、東京の〃なかま〃で1985年9月から午後と夜の2グループを開催することに決め、週1回、2年の期間を設定しました。まずは自分を知るという課題を非常に重要視しました。後から聞けば、受講生たちは、講座終了後、毎回喫茶店で、夜の部は飲み屋で終電近くまで数時間ネバっていた、ということでした。それがなければ終われなかったということでしょう。仲間同士の繋がり、学びが、それほど刺激的であった初期の熱気が感じられたものです。

東京での講座は1期2年として5期まで続き、彼女たちが初期のカウンセリング・ルームの担い手となっていきました。

同時に少しずつ、各地におけるフェミニストカウンセリング・ルーム設立を希望する声があがりはじめ、またカウンセリング・ルームも増えはじめ、実践者、支持者も含めた社会的な動きへの関わりが見られるようになりました。この間私は、北から南まで各地のカウンセラー養成講座の講師を務め、カウンセリング・ルーム設置を目指しているグループにはあらゆる援助を提供してきました。

興味深かったのは、各地で開催されるカウンセリング講座がとても盛況であったことです。講座の音頭をとったのは、主として地域の女性問題グループでした。参加者は必ずしもカウンセラー希望者のみではありませんでしたから。フェミニストカウンセリングの学習を標榜するこのような学習機会はどこにもなかったのが盛況の理由だったのでしょうか。仲間と街頭に出て声をあげるとか、集会を催すとかの「行動」への関わりはそれとして、座学の容易さや魅力、カウンセリングへの興味などが手っ取り早いアクセスになったのかもしれません。彼女たちは、「行動派」とはやや異なったグループであったし、フェミニストカウンセリングを学ぶという新しい学習への魅力は大きかったと思います。

特に、カウンセリング・ルームにおけるケースのスーパーヴィジョン（現場教育担当者による面談の指導）には力を注ぎました。これがなければいいかようにケースを進めていけばいいかは、わかりません。「解答」を用意するわけでないので、1度や2度の面談でケースが切れてしまえば（そういうことはよくあります）ほとんどクライエントの回復の役に立ちません。学習者は現実のカウンセリング場面に参加して、見様見真似ができません。お手本は、私が米国の大学院で受けてきたスーパーヴィジョンです。

簡単に紹介します。大学院から実習地に、3、4人ずつ派遣されている学生は、必ず派遣先施設で3、4人のクライエントを担当します。私の実習先はボストン州立精神科病院で、そこで2年間院内の違う部署で実習を行いました。どの学生がどのようなクライエントを担当するかは学校から派遣されてくるスーパーヴァイザーと施設内の教育係の間で調整されます。学生は1年生からいきなり面談ですから、あまり「重い」ケースは担当できません。ちなみに週のうち3日は直接実習地に赴き、クライエントとの面談や研究会、診断会議等に、スタッフと同じく出席して、あとの2日が授業。学業は5日間ぎっしり詰まっています。

ケースのスーパーヴィジョンは週1回、スーパーヴァイザーに前もって面談の記録を全部細かく書いて渡しておきます。クライエントは○○といい、学生（私）は○○と反応した、クライエントの様子は……などです。週1回、これを一つひとつ、なぜ学生は○○と反応したのか、あるいはクライエントのいう○○はどういう意味だと思うかなど、とても丁寧な話し合いを進めていくのです。今でも強く印象に残っているのは「どうして『なぜ』と聞かなかったのですか？　私なら聞きますね」というスーパーヴァイザーの言葉です。私が「なぜ」と聞けなかったのは、「いわなくても察してほしい」とでもいうような文化の違いもあるでしょうし、日本語の「なぜ」には、客観的ななぜではなく、なぜ？　それは違うでしょう、といった否定的なニュアンスが含まれていると感じていたからでした。日本語の文脈では「なぜ？」は、けっこう強い響きを持っています。よくわからないことをいちいち聞くのを躊躇ってしまう私自身の傾向もあったと思います。

また、私は渡米前から日本の精神科病院で働いてきましたから、他の学生のようにいきなり患者さんに出会って「おっかなびっくり……」はありませんでした。ただ、初めの頃の、授業中のケース検討に関しての驚きを覚えています。ある非行少年について、母親自身の心の深いところにある復讐心によって、無意識に少年の非行を促しているという解釈を聞いた時には、まったく意味がわかりませんでした。これまでの理解が少なからず表面的であったということでしょう。

いずれにしても2年にわたるこのスーパーヴィジョンは、カウンセラーであることとケースをどのように進めていくかという二つの点で、私自身のためにも必要不可欠な体験要素になりました。よくわかっていないのに、フム、フム、ではダメだということが。

次節ではフェミニストカウンセリング学会の活動や重要な法律の設置などを踏まえた学会の流れをご紹介します。

研究連絡会、学会発足、学会認定資格の時代

最終的に北から南まで約30か所のフェミニストカウンセリング・ルームができました。各地のカウンセリング・ルームの間に横のつながりを作ろうではないかという機運の高まりを受けてフェミニストカウンセリング最初の全国大会が１９９３年に開催されました。

ここでは、エポックメーキングになった重要な全国大会のみを説明します。
・１９９３年10月には、フェミニストカウンセリング全国大会が開催されました。テーマは「女らしさの病」とフェミニストカウンセリング。大阪においてです。

各地のルーム運営者や女性センター等の相談員、あるいはフェミニストカウンセリングに興味を寄せるフェミニストたちが300人弱、大阪に参集しました。カウンセラーでなければ会員になれないといった枠を外した仲間たちです。同じくフェミニストとして社会活動も掲げていましたから。ここでまず日本フェミニストカウンセリング研究連絡会が発足します。

・1994年11月には、第1回日本フェミニストカウンセリング研究連絡会全国大会が東京で行われました。趣旨を次のようにうたっています。

「日本フェミニストカウンセリング研究連絡会は、女性が一人の人間として、女性として、生きいきと暮らしていけることを願い、そのために女性の心理的問題の現状とその社会的背景を考え、またその問題の解決やそれからの回復を援助しようとする人々の集まりです。この会では、女性の視点と経験に基づいて心理学的援助を捉えなおし、女性による女性のためのフェミニストカウンセリングの確立をめざします。そのための有効な発想、理論、実践、運動方法を考えていきたいと思います。また、既存の心理学流派、専門家、非専門家といった立場の違いにこだわることなく、お互いに交流し協力しあいたいと考えます」

さらに、会は、日本女性学研究会から借用した3原則を掲げました。

この会は：

やりたい者がやり、やりたくない者はやらない。

やりたい者は、やりたくない者を強制しない。

やりたくない者は、やりたい者の足を引っ張らない。

周囲の思惑にとらわれないで、自分が何をしたくて、何をしたくないか、すなわち自己感覚を明確にするという自覚を含んでいます。女性がグループを作る時の、簡潔にして困難な命題です。

・1998年12月に第5回日本フェミニストカウンセリング研究連絡会全国大会が大阪で開催されました。5周年記念大会として米国からのゲストを迎えています。アルバート・アインシュタイン医科大学準教授（フェミニストセラピスト）のレオノア・ティーファー博士を迎えて、記念特別講演をしました。テーマは「セクシュアリティとフェミニズム」。
・1996年現任者訓練として初めての3泊4日のフェミニストカウンセリング教育訓練が東京で実施されます。
・1998年第1回フェミニストカウンセラー教育訓練が始まります。

フェミニストカウンセリング・ルーム担当カウンセラーや女性センター相談員は、必ずしも心理学科出身者でないとか、大学時代にカウンセラー訓練を受けていないという自信欠乏があり、訓練の必要性が高まってきます。彼女たちの多くは、私のカウンセリング講座を受講していますが、遠隔地では月に1回という場合もあり、それだけでは十分でないことが、現場にいてわかってきました。

どの地域のカウンセリング講座でも昼の部の受講生には、「主婦」的立場、パートタイマーなどが多く、しばらくぶりに勉強する機会を得た、という状況にありました。夜の受講生は仕事を持っており、カウンセラーに転職したいというより、勉強したいという意欲が強いようでした。各地のカウンセリング・ルームの運営員にしろ、女性センターの相談員にしろ、その立場で経済的自立は果たせず、私にもそれを約束する手立てがありませんでした。つまり経済的には夫などの家族に支えられているのが現状でした。札幌、仙台、堺のルームには現役の心療内科医や精神科医がメンバーとしていましたが、関わりは十分でなく非常に少数でした。臨床心理学科等を出た若い女性を招く術がなかったのは、就業を約束できなかったからです。研究連絡会による教育訓練は、会員にとって非常に意味のあるものでした。

以降目的別のコースが増設され現在に至っています。講座には、「フェミニストカウンセリング入門・初級講座」「フェミニストカウンセリング臨床Ⅰ・Ⅱ」「中級研修フェミニストカウンセリング臨床Ⅲ」「フェミニストカウンセリング養成上級講座A・B」「中級研修専門講座」があり、以上は、フェミニストカウンセラー資格に関係ない研修です。その後、2001年に日本フェミニストカウンセリング学会になってから学会認定の「アドヴォケイター養成講座」ができました。この研修は資格用です。アドヴォケイターとは、カウンセリングというよりも、ソーシャルワーカー的な役割を担う仕事を指します。

その他に外部から講師を招いて、多様なテーマでの「女性のためのフェミニストカウンセリング講座」とか「支援者のためのフェミニストカウンセリング講座」も作られました。

・2000年12月には、千葉大会の総会において、フェミニストカウンセラーの資格化について議論があり、資格を作ることを決定します。ちなみに、臨床心理士の国家資格化は、業務が文部省領域、厚生省領域、労働省領域（当時）にわたるために、1950年代から論議されながら施行には至っていませんでした。

このような状況下、千葉大会における、資格化をめぐる当時の状況を報告しておきます。まずこれまでの研究連絡会を日本フェミニストカウンセリング学会にして認定資格を作ることが提案されると、議論が起こり沸騰しました。

フェミニストカウンセラーの認定資格化をめぐって、まず「フェミニスト」や「カウンセラー」であることを誰がどう認定するのか、が問われました。資格をこのように規定することは本来のフェミニズムとは相いれないのではないか、有資格者と非資格者の分断が起きるのではないかという反対意見も多かった。これは私が推し進めてきたリベラル・フェミニズム志向へのある種の反発でもあろうと思われますが、権威や権力への抵抗や不安があったと思います。言葉で表現されていませんが、フェミニストカウンセリング内に、「反制度化・周縁的」スタンスを自らのアイデンティティとしてきた仲間は大勢いました。

「はじめに」でフェミニストカウンセリング学会の弱体化とともに、方針の違いが表面化したと書きましたが、私の唱えるフェミニストカウンセリングに「上昇志向」を感じた「草の根フェミニズム」的仲間から批判があったといえるでしょう。「上昇志向」とは、「反対派」がそういったわけではありませんが、プロフェッショナリズム、キャリア志向、個人主義、男性志向のようなものを示唆していたと思われます。

資格など作らなくてもカウンセラーであり、かつフェミニストである人とが緩やかに連帯すべきなども反対意見の一つでした。

学会として2度のヒアリングやアンケートをして会員の総意を聞きました。結論としては、資格化が賛同を得ました。

同時に、日本フェミニストカウンセリング学会設立以降は学会による認定資格取得のための講座を会が組み立てて担う必要が出てきました。それまで各地で行われていた養成講座（週1回、2年間等）などの相当手厚い、個性的な講座が、資格化の前段階的な機能を担うようになり、時代の要請に従って規模の小さいものになっていきました。結果、資格取得を目指す人たちが学会に入ってくるようになったのです。

資格認定のための資格認定委員会の設定は、会から、井上摩耶子、川喜田好恵、河野貴代美に加えて、外部から（所属は全員当時）、小西聖子（武蔵野大学）、平木典子（日本女子大学）、江原由美子（お茶の水女子大学）等の錚々たるメンバーに依頼して、プログラムを作りました。当初は、期待も、実際に待っていた人もあって、相当な受験者を集めたものの、数年後には数を減らしていきました。このような動きは、2001年に学会になる前から想定されていました。なぜなら当初から大多数の希望者を集めていたわけではないからです。

先進的な女性センターでは、フェミニストカウンセラーを優先的に置くようになった状況もありました。1980年代中期から1990年代後半くらいまで、そうした熱気の後押しもあって、各地に女性センターが誕生し、センター業務のなかで女性相談も定着していったのです。

・2001年10月には、盛岡大会の総会において、日本フェミニストカウンセリング研究連絡会は日本フェミニストカウンセリング学会に名称を改めました。学会による資格認定を行うための母体です。学会とはいえ、臨床と研究を同時にやっていく余裕は十分にはなく、また全国大会の分科会やワークショップもどちらかといえば理論構築より現実的、具体的やり取りでした。大学教員の参加もなく（フェミニストカウンセリングの講座はどの大学にもありませんでしたし、フェミニストカウンセラーの常勤大学教員はのちに私一人になりました）、一般的なイメージで見る学会とは趣を異にしていました。この時のテーマは、「21世紀のフェミニズムは、何と戦うのか――忍び寄るバックラッシュ」です。

・2002年11月には新しくなった日本フェミニストカウンセリング学会による第1回日本フェミニストカウンセリング学会全国大会が神戸で開催されます。テーマは「性暴力裁判とPTSD」です。

・2002年には「フェミニストカウンセリング研究」という学会のジャーナル誌創刊号を発行し、2021年をもってVol.21まで継続しています。

また学会による第1期フェミニストカウンセリング学会認定フェミニストカウンセラーが誕生します。16名でした。

・2003年10月には、東京大会において、10周年記念講演会が計画され、また特定非営利活動法人となることが決議されます。カウンセラーではない活動家が、学会という組織において、十分な所属感を持ち、活動できるためのNPO化です。

・2004年4月28日に、特定非営利活動法人の認定を受け、「特定非営利活動法人日本フェミニストカウンセリング学会」に改めました。

以降、大きな変化はなく、活動は続いています。

クライエントが抱える「訴え」の分類

では、第4章「フェミニストカウンセリングが扱う問題」で約束した訴えの分類にいきましょう。

カウンセリングとはどういうものかがわかりにくいことは既述してきました。この戸惑いが、どのような人たちが相談に来るのか、つまり「私（クライエント）のような者が行ってもいいのでしょうか」との問いに繋がります。これは私自身が、メディアの質問に対する答えとして困ってきたものの一つです。

フェミニストカウンセリング・ルームでは、私の知る限り訴えの分類をしてきませんでした。主訴として一言で要約できるような簡単な「相談」だと思っていないし、相談の解決でもないからです。主訴として話された「問題」は変わっていきますし、個別のケースには複数の訴えの内容がしばしばオーバーラップしてもいます。

また派生的なことですが、私設のカウンセリング・ルームは、医療機関ではないため、健康保険が使えず診断に類するものが必須でないということもあります。分類にこだわらないのは、クライエントにレッテルを貼らないようにすれば、そういうことになります。

もし就業問題や金銭問題になれば、ハローワークや福祉事務所を紹介すればいい。このような問題は、カウンセリング・ルームでは基本的に扱えません。アドヴォケイター資格（ソーシャルワーカー的仕事：135ページ参照）を持ったカウンセラーがいるルームでは、社会福祉事務所への付き添いなど、より具体的な助言ができるでしょう。

一方、主訴分類は後述する行政の女性（男女共同参画）センターの相談業務には欠かせません。いうまでもなく、税金がどのように使われているかを記録しなければならないからです。昨今は、長びく面談が役所にイヤがられる（税金を使っているのだから、なるべく多くの人に、と自治体の議会で問われる）こともあるようです。数回のみの面談では分類が可能でしょうが。たとえば夫婦関係とか子どもとの関係等です。DVや性暴力もあるでしょうが、それぞれ行政の固有の部署が無料で設置されているので、そちらへ行かれる方もいます。

しかしながら、どのような主訴が多いのか、おおまかに述べてみましょう。

一番多いのは、
・人間関係の問題（夫、姑・親族、子ども、職場や、近隣において人間関係がうまくいかない等）です。
これらは、クライエントにとって、まずは自分以外の他者の問題として、その相手をどうすればいいか、が訴えとして挙げられます。しかし、「問題」である該当者の言動を述べられても、またそのためにクライエントがいかに困っているのかがわかっても、カウンセラーが答えを持っているわけではありません。

具体的な助言を求められて仮に答えても、それはうまくいきません。離婚をするか、しないかに例をとりましょう。シーソーの両端にある、する意図と、しない意図が同じ50%であれば（そしてそのような場合にこそ人は助言を求めます）、するという選択に対して、しないという選択がつりあってしまうからです。つまり助言が一番功を奏するのが20%対80%のような、ほぼ気持ちがどちらかに偏っている場合であり（どちらかを強くサポートできます）、それなら他人の意見を聞かないで自分で判断ができるでしょう。

つまりカウンセラーが答えをいうのではなく、「あなたはどうしたいのか」という、クライエントを自身の答えに近づけていくのが、カウンセリングの過程です。経過において、ご本人が問題視している他者ではなく、問いを自分の内面に向ける対話技術が、カウンセラーとしての技術になります。

・ジェンダーの問題もあります。
よい妻、よい母を頑張って演じてきたが、もう疲れた、望まれるようにはできないなど。男性の部下が10人もいる部の上司になったが、役割モデルが近くにいない、どう振る舞えばいいかという例もありました。新しいジェンダー問題です。

・性格の問題もあります。
劣等感、生きている意味がない、なぜ人は生きていかなければならないのかといった「哲学的問題」など。

・DV、(性)暴力も大きな訴えです。
ドメスティック・バイオレンス、セクシュアル・ハラスメント、レイプ、等々。公立で設置されている警察や女性センターは、どうしても信じられないから、有料でもフェミニストカウンセリングがよいという選択も当然ながらあります。

・若者は、五月病に足をとられることが多く、入社（学）したものの、やる気が出ないなど。

このような分類は今回、私が恣意的にしましたが、ある意味で訴えの表面を整理したにすぎません。たとえば人間関係の問題のカテゴリー。夫が、クライエントである妻をまるでお手伝いさん扱いにして、一人の人間として考えてくれない、と話をしたとします。分類として挙がるのは、このような夫との関係です。しかしこの関係性には、フェミニストカウンセリングとして、妻の社会的、歴史的な立場の構造が分析されなければなりません。それはカウンセリングの過程で話し合われ、結局は夫からの妻の精神的な自立が問題ということになります。早い時期にこのような合意に至れば、主訴は精神的な自立になります。当然、経済的自立も入ります。

分類にあまり意味がないと書きましたが、一人の女性の生き方を問題にするわけですから、初めに本人が「いったこと」を主訴としても、彼女がなぜルームを訪れたのかは、すぐにわからない場合が多いのです。フェミニストカウンセリングならではの分類に関して、既述したようにもう少しわかりやすい分析をしたチャート『フェミニストカウンセリングのアセスメント・シート』作成の試み」（フェミニストカウンセリング研究２０１５ Vol.13）を、巻末資料で紹介します。

カウンセリングの進め方

カウンセリング場面においてクライエントを理解することは、面談室という限られた場所でしかないし、日常生活に見られる日々の言動を、居住共同体のシナノンのように観察できません。この意味では実際には、母（父）子関係やクライエントの心理発達における環境を振り返ることは必要です。この際に、フェミニストカウンセリングの特色として、単に家族史や狭い意味での母子関係のみに集中するのではなく、クライエントの生活状況、社会環境などにも注目して、クライエントが今抱える問題を理解しようとします。単にオウム返しのように、「辛いのです」といわれたら、「辛いのですね」と返すだけでなく、対話の流れを遮らないことを心にとめつつ、必要な質問をし、時には情報を差し出します。

私は、いきなり夫に鉄道自殺をされて、うつ状態になったクライエントに、とてもよく似たストーリーの宮本輝の小説を紹介したことがあります。クライエントはそのストーリーにとても救われたようでした。その本には残された人が陥る罪悪感などに言及がありました。

たとえば先に挙げたジャンセンさんのケースで、マッチョな夫の態度はどうなったのか、そのままで、彼女は幸せな生活を送れるかどうか、とコメントしましたが、もしAT技法を使うなら、さらに夫との対話を試みることもできるはずではないか、と考えたのでした。つまり夫にいいたいことをいう練習、その言葉と言葉に沿った気持ちの振り返り、さらに言葉を自分の近い気持ちに沿わせながら何度かの練習を重ねる、といったプロセスです。それで彼が変われるかどうかはわかりませんが、試みることはできるだろうし、そのほうがジャンセンさんにとって少なからずエンパワーメントになると思われます。

序章で挙げた「名前のない問題」による症状は、比較的簡単にクライエントには理解できると思われました。意識変革には時間が必要ですから、クライエントには時間をかけて徹底的に寄り添います。

暴力によるトラウマからの回復には、慎重な過程が必要です。やがてクライエントは、悪いのは自分ではなく、加害者であることを理解し、元の自分に戻るのではなく、理想的には新しい自己獲得をしていきます。そのためには、「悪いのはあなたではない」と明言するフェミニズムの声が必要です。被害者にも落ち度があると考える神話は一般的に現在でも強く支持されていますが、それが決して真実ではないことは、第7章の裁判になったケースの鑑定意見書を参考にしてください。

クライエントが面談室を訪れる時は、とても困っている時です。困っている事態を「安らぎの欠如（dis-ease）」として巧みに表現したのは、スティーブ・ドゥ・シェイザーです。病気と訳されているDiseaseをdis（不全や欠如の意）とease（楽や安逸の意）に分割し、両者を従来と別様に連結させて、新しい意味を生み出しました。つまり、「楽な状態を欠いていること」と。これを確認しておきましょう（小森康永訳『ブリーフ・セラピーを読む』金剛出版　１９９４）。カウンセラーがすることは、クライエントが、困っている状態を語りだすのを手伝うことです。この場面において、カウンセラーは、「病気」の言語を使わずにクライエント像を捉え、またクライエントは、困っている事態を日常性からの「偶発的」あるいは「突発的」なズレとして、自分を把握することになります。

第6章

暴力、ハラスメントに立ち向かう

——フェミニストカウンセリングのメインになる仕事内容

各地におけるカウンセリング・ルームでの仕事

最初の10年ぐらいの間に、既述したように各地におけるカウンセリング・ルームは、約30か所設立されましたが、そのうち減っていきました。それらの理由が私には十分に調査できていません。聞かされている場合でも、当事者の一部の側の意見や理由であるために、実態はよくわかりません。なぜ解散に至ったかを考える作業は、当時のメンバーが、自分たちのためにも、フェミニストカウンセリングのためにも、やっておくべきことだと思いますが、私がそれを強制することはできません。

起業を手伝ったとしても、スタート以降はそれぞれのルームの自律に任せてきました。起きたであろう危機に対応する力がないなどの理由もありますが、正直にいって、内輪もめ的要素が多いのではないかと推察しています。

現在は残念ながら15か所ぐらいになっており、面談のケース数は、一時減っていましたが、また現在は若干増えているとも聞いています。ここ数年のコロナ禍では、厳しかったと思われます。

男女共同参画センターの無料相談があるので、そちらを選ぶ人が多いし、昨今の「相談ブーム」(たとえば、DV、ハラスメント、消費者金融、数日前には宅配ドライバーの相談がテレビで報道されました)は、面談回数の縮小に拍車をかけているようです。ゆっくり時間をかけて、というご時世ではないのでしょう。

とはいえ、カウンセリング・ルームではさまざまな取り組みが行われています。個人カウンセリングが主として行われているのは当然として、AT(自己主張のトレーニング)や後で独自に作成したSET(自己尊重トレーニング)のグループ・トレーニング、また各ルームによって実施されている「カウンセリング講座」は有料です。SETは、女性の自己評価をできるだけ高くしたいという意図で、私を中心に「フェミニストカウンセリング堺」と「ウィメンズカウンセリング京都」で設計しました。

無料で行われているのは、さまざまな自助グループ(母-娘問題、摂食障害等)に加え、CR(意識覚醒を目的にしたグループディスカッション)です。私による『女性のためのグループ・トレーニング―出会いと回復のレッスン』(学陽書房　1995)は、新しいグループワークの意義を説き、リーダーなしでできるAT、SET、CRについての手ほどきを具体的に書きました。これまで体験してきた米国でのCRやシナノンの恩恵によることはいうまでもありません。

このようなカウンセリング・ルームのなかで、工夫が見える例を紹介しておきましょう。

カウンセリング・ルームの活動例

1995年に「フェミニストカウンセリング堺」が開設してしばらくたった頃、米国に倣って、面談料金を自己申告制にして(米国ではスライディング・スケールといいます)1時間1000円から5000円と幅を持たせました。カウンセリングの効果で「出世」をしたら上げてもらう、と。しかしこの試行は続きませんでした。ほとんどのクライエントが1000円で始めたからです。これではカウンセリング・ルームがやっていけません。しばらくのち元の5000円に戻しました。女性にはお金がない、のが現実。

さらに女性のための指圧・マッサージ治療を入れ、また地方自治体の活動助成事業・選定事業「家庭内における夫・恋人(パートナー)等からの暴力に関する調査」の委託を得ています。堺市の「男女共同参画交流の広場」の相談も含めた運営委託などもあります。また堺では、別途姉妹グループとして「NPO法人ふぇみぱる堺」を作り、フェミニストカウンセリング堺との共催で、たとえば、DV被害者のサポートをしています。この場はカウンセリングとまではいかなくてもプログラムに応じてフラリと立ち寄れるように作られています。また男女共同参画センターでの相談を10か所ほど受け持っています。

「ウィメンズカウンセリング徳島」も紹介しておきます。

徳島は、主宰者であるカウンセラーの自宅の1階が、女性のための本屋、および居場所カフェとカウンセリング・ルームに分かれて使われています。数年前から、生きにくさを抱える女性がフラリと来所してホッとできる場として「居場所カフェ」を週に2日オープンして種々のグループ活動を行っています。民間シェルター「女性と子どもの人権を守るエンゼルランプ」の副代表でもあるカウンセラーが、エンゼルランプの資金援助を得て、来所者に、さまざまな相談、助言や情報提供、同行支援など、カウンセリング・ルームではできないような支援をしています。彼女はアドヴォケーター資格を持っています。カウンセリング・ルームでの個人カウンセリングにプラスして男女共同参画センターの相談業務も受けています。

徳島の強みの一つは、フェミニズム志向の団体を招聘して全国大会をサポートすることに示されています。これは仲間に力がなければできません。2021年は「第24回全国シェルターシンポジウム2021.in徳島」を開催しました。基調講演者として、フェミニストに人気があり私もファンである文芸評論家、斎藤美奈子さんを招聘しました。演題が「今（さら）ながら、今だからこその、ジェンダー平等」。なかなか興味深いことです。

最後に「ウィメンズカウンセリング京都」を挙げておきましょう。ここでは性暴力対策のワンストップ事業を受託しています。ワンストップとは、あちらこちらにたらいまわしをされず、1か所で、医療からメンタル、法律までのすべての対応をしてもらえるという意味です。京都府の事業で、性暴力被害者から電話が来れば、できるだけ来所を促し、一緒に方針を話し合い、希望や必要に応じて警察や医療機関と連携して同行支援もします。もちろんＰＴＳＤへの対応は、ウィメンズカウンセリング京都でできます。

その他に個人カウンセリング、主題別のサポート・グループ、公開講座、講師の派遣等もやっています。

ただし、あらゆるカウンセリング・ルームがそのような資源や機会にめぐまれているわけではありません。これについては終章で考察します。

女性（男女共同参画）センターにおける相談員

ＤＶ（ドメスティック・バイオレンス）防止法の施行に伴って、各自治体における相談業務の開始と被害者の回復への援助、また被害者用シェルターの設立への具体的な関わりが始まりました。

女性センターにおける相談業務と相談員の雇用、また相談員の地位の確立などの活動によって、相談が対価を伴う労働になりました。カウンセリング・ルームの運営とともにフェミニズム業界でマーケットを成立させたともいえます。

私の記憶によれば、最初の依頼があったのは、東京の足立区と中野区でした。1982、1983年頃でしょうか。足立区は女性センター主催の「自分を知る講座」として住民女性の1泊研修を主催し、その縁がセンター相談員採用に繋がりました。そこで、「フェミニストセラピィ〝なかま〟」の業務委託として足立区と契約し、スタッフを派遣しました。中野区は女性センターにおいて、どのような場所に相談業務を設置すればいいか、物理的な相談にも与りました。来所者が人目につきにくい順路の設置からケース記録の保管の場所までをも含めてです。

女性センターの相談員の援助目的の一つは、何度も書いてきましたが、「精神的自立」をカウンセリングの手法で確立していくことです。もう一つは、カウンセリングでもってエンパワーメントされた相談者が究極的に、女性相談や女性政策に発言していき、よりよい政策や制度を求めていく、ということでした。

以降、女性センターが男女共同参画センターに改称されてからも、女性問題相談としてあらゆるセンターが相談員を置くようになっています。初期の頃の丁寧な対応には、当時の女性政策担当部局に、フェミニズムの意図に共感を示す職員がいたからだといえます。

現在全国に散らばった男女共同参画センターの機能や意図、相談員もバラバラであり、教育訓練やその内容も多種多様で、本稿では現状のすべてを把握することは困難です。後で、主要な問題点を整理しておきたいと思います。

私は仲間を募って「女性センターにおける相談業務ガイドライン（試案）」を作っています。詳細は、巻末資料をご覧いただくとして、次のポイントを挙げておきます。

1. 相談業務の基本方針――相談内容を安易に「問題化（病理化）」しないこと。ジェンダー分析（問題の再定義）があること。エンパワーメント視点が必要。ネットワーキング（社会資源の活用）の必要性。相談内容の女性政策へのフィードバック。地域社会における啓発・啓蒙。
2. 相談の体制（システム）――援助のプロセス。個々の相談員の業務。
3. 相談員――相談員の資質。相談員の資格。相談員の身分。
4. 「相談業務検討委員会」の設置――「相談業務検討委員会」の構成メンバー。「相談業務検討委員会」の任務。

（河野貴代美編『シリーズ〈女性と心理〉第4巻　フェミニストカウンセリングの未来』新水社　1999）

男女共同参画センターにおける問題点

従来、婦人会館と呼ばれた社会教育目的の会館にも相談員はいました。しかし従来の会館とは違う女性センターの相談業務には指針が必要ではないかと思いました。そのために「女性センターにおける相談業務ガイドライン（試案）」が作られたのです。残念ながら反響ははかばかしいものではありませんでした。あまりにも理想論でありすぎたといえるかもしれません。

反響がよくなかった理由の一つは、まず相談室を運営する地方自治体の内部からの要請として作られたものでないことです。こうあってほしいという私たちの側から一方的に出されたものでした。しかも初期の頃には意欲的な職員がいたものの、女性政策課の職員は、絶えず異動します。税務課からの異動というようなこともあり、相談の意味を理解していない職員も増え、セーフティネットとして相談業務を維持するという位置づけ程度にしか考えられていない場合も出てきます。

たとえば、ガイドラインには、女性センターの相談員の要件を、日本フェミニストカウンセリング学会の会員とすることなども書かれていますが、時間の経過で見れば、それは一部のセンターを除いて実現しませんでした。税金を使っているのだからなるべく多くの女性からの相談に、短時間で応じるようにといった要請も出されます。表現がよくありませんが、「人生相談に毛の生えた程度」の期待しかなければ、フェミニストカウンセラーである必要もありません。

フェミニストカウンセラーが採用されない別の理由としてバックラッシュの一時期、行政機関が、フェミニストカウンセリングに対してジェンダー視点そのものが偏っているかのような意識を持ったために、避けられることもありました。また学会認定フェミニストカウンセラー資格制度が、発足から数年後の50名～60名から人数が増えておらず、各都道府県に必ずフェミニストカウンセラーがいるという状況が作れなかったこと、つまり学会の側にもフェミニストカウンセラーの養成が十分に追いついていない現状もありました。

ちなみに資格保有者は、2022年で、61名です。資格更新要件が厳しいともいわれていて、それを緩和して、ずっと残ってもらえるように、日本フェミニストカウンセラー協会では現在規定を変える準備をしています。

学会認定フェミニストカウンセラー数が伸びない理由

大事なことなので本節を設けました。ウィメンズカウンセリング徳島の河野和代さんは、私の質問に対して1から7まで彼女の考えを送ってくれました。

1．フェミニストカウンセリング資格認定当時、すでに全国の女性センターなどでは女性相談が始まっており、需要が追い付かない状況があったと思います。無資格の人を雇用して、以降は大阪のドーンセンターや国立女性教育会館、フェミニストカウンセリングなどで研修を受けて相談業務に就くということが定着した現状がありました。

2．フェミニストカウンセリングが熱狂的に迎えられた当時は、日本でも第二波フェミニズムに触れた女性たちが自分のためにフェミニストカウンセリングを学びたいと思っていました。ある意味、経済的余裕と時間と力がある女性たちが多かった時代でもありました。その後、女性たちの状況自体が大きく変化し、仕事や家事育児に追われ、経済的な自立の資格としてはいまだ認知不十分なフェミニストカウンセラーを目指す人は、それほど多くなかったのが実情です。

3．女性センターや配偶者暴力相談支援センターの相談員は、現在も雇用条件が悪く（非常勤・低賃金・雇い止めなど）それだけで経済的に自立して暮らせる仕事ではありません。

4．バックラッシュの影響もあって、ジェンダー理論は大学で学ぶものとなり、フェミニストカウンセリングが扱うのは加害・被害をめぐる問題（セクハラ・ＤＶ）に特化して伝わった感があります。フェミニズムの衰退と同時に、私たちが女性全体に影響を与える機会が減り、学会員も減り、その結果フェミニストカウンセラーを目指す人も減っていると思われます。

5．フェミニストカウンセラーのなかには権力や政治構造の取り扱いが苦手な人も多く、宣伝もできていないといえるでしょう。公的制度に組み込むような野望や、戦略を持つ組織運営もできていません。目の前の相談に追われて、そのなかで疲れ果ててもおり、今後を展望するような動きを取れる人がほとんどいないのが実情です。宣伝と政治力不足、です。

6．フェミニストカウンセラーたちは、概して真面目で優しくて慎重な人が多く、個性的で破天荒で、突出した魅力のある、スター的な人が今はほとんどいないと思います。全体に地味、ということでしょうか。

7．フェミニズムが再評価されるようになった現在は、新しく講座に来た方などの様子を見ていると、フェミニストカウンセリングの独自性や空気に触れて、引き続き学びたいと考えてくれる方も多くなっています。資格制度や講座のなかで、どのように私たちの理念や実践を伝えていくのか、現在はいろいろ整備し直しています。また、ジェンダー課題にかかわる社会的な動きをフェミニストカウンセリングはどう見るのか、新しい心理療法の技法を学ぶ講座など、学会員や認定フェミニストカウンセラー協会員の需要に応える機会を現在はさらに重要視しています。

国家資格（産業カウンセラー、公認心理師等）が期待を集めているなかで、フェミニストカウンセラー資格の必要性をいかに打ち出していくかは、問われるべきでしょう。

河野和代さんもいう通り、雇用についても、委託契約や非常勤嘱託勤務で賃金も安く、身分も不安定なため、相談員は自分以外に主たる家計の担い手がいる人に限られているとか、あるいは数種類の相談業務の掛け持ちで、やっと生活を支えるということが現実でもありました。男女共同参画センター内で相談員の資質や待遇などについて、検討がなされているのかどうかも不明でした。これでは私たちの作ったガイドラインは絵に描いた餅になってしまいます。

センター内の相談業務が初めの意図に関して十分な功績を達成できていないと私に見えるのは、カウンセリングが、昨今の一時的、あるいは継続的な（電話）相談の流行で代行できると思われていることではないでしょうか。こんなに相談が呼びかけられている国は、世界中どこにもないと思われます。既述した米国人のセラピィ好きに倣っていえば、相談する／されることの好きな国民だといえるでしょう。

すぐに解決を求めるハウツー的相談における問題は、相談者が回答に納得できないまま放置され（役に立っているとは思えない）、その後の社会的援助システムが整備されていないということではないかと思います。たとえばDV被害者がシェルターを出た後の、就労支援などです。

センターの相談業務問題に戻れば、なんといっても最大の理由は、女性施策に根拠法がないことであり、厚労省所轄のDV法、児童虐待防止法などに比べて、内閣府の男女共同参画社会基本法には力がないといえます。と書いた後の2022年5月、「困難な問題を抱える女性の支援に関する法律」が成立しました（施行は2024年4月）。従来の「売春防止法」（婦人保護）の枠組みをどのように脱却できるかを見守っていく必要があります。

セクシュアル・ハラスメント

1989年に新語・流行語大賞をとった「セクシュアル・ハラスメント」は、容易に具体的には定義できない多義的な言動です。レイプはいうまでもありませんが、これは性暴力であって、ハラスメントではありません。セクシュアル・ハラスメントとは、広義には、当事者が望まないあらゆる性的アプローチであるといえます。のちにカテゴライズされた、対価型、環境型を使えば、たとえば車中の吊り広告の、ほとんど裸の女性が、宝くじの宣伝をしているようなチラシも、乗客にとっては、セクシュアル・ハラスメントになります。車中の全員、特に女性への侮蔑だからです。

どのような場合があるでしょうか。身体的ハラスメント（キスしたり、抱きついたり、胸や臀部を撫でる）、身体に関わるハラスメント（容姿等についての性的言辞）、言語的ハラスメント（路上で卑猥な言葉をかける、誘う）、プライヴァシーへの侵害（結婚はまだ？　○○君とデキている？　夫婦生活順調？）等です。まずは労働環境が問題視されましたが、屋内に限りません。

フェミニストカウンセリングの大きな目的は、性暴力への対応でした。それぞれのカウンセリング・ルームはいわずもがな、かなり早い時期からフェミニストカウンセラーはこの問題に取り組んできています。性暴力被害の実態を明らかにし、トラウマを解きほぐし、それらからの回復を目指します。ここにこそ、「個人的なことは政治的」の実態があるからです。性暴力の被害は、身体的から精神的範囲に及び、そのダメージは筆舌に尽くしがたいことを既述してきました。

著名なフェミニスト精神科医であるジュディス・L・ハーマンは「心的外傷とは権力を持たない者が苦しむものである。外傷を受ける時点においては、被害者は圧倒的な外力によって無力化、孤立無援化されている。（略）外力が自分以外の人間の力である時、これを残虐行為という」と述べています（中井久夫訳『心的外傷と回復』みすず書房　１９９６）。

被害の実態はさまざまであり、心理的影響も多様です。うつはいうに及ばず、不眠、解離性障害、ＰＴＳＤ、パニック発作、過呼吸など、慢性的な身体的不調が出てきます。

まず、被害者がカウンセリング・ルームにたどり着くまでに時間が必要です。特に被害が重篤な場合は、悩み苦しみ、誰にもいえず、多くの時間を費やすなかで、普段の日常生活をこなせなくなって、やっと腰をあげるのです。子ども時代の被害に成人してから対応することもたくさんあります。ルームにたどり着いても、すぐに何があったのかを詳細に話すことができません。記憶は忘れようと抑圧されていることが多く、だからといって完全に抑圧されるわけではありません。その無理のせいで解離状態（意識や記憶などに関する感覚をまとめる能力が一時的に失われた状態）に陥っている場合もあれば、カウンセリングそのものが中止に追い込まれることもあります。

多くの被害者は、自分に何らかの落ち度があったのだろうか、と自責の念に取りつかれています。なぜ自分にこんなことが起きたのか、理由がまったくわからず、そうとでも思うしかないからです。もちろんこの理由で自分を完全に納得させることはできません。これはＤＶ被害者の場合はより顕著です。ここに寄り沿う言葉は「あなたは悪くない」です。カウンセラーはこの言葉を信じて被害者に伝えなくてはなりません。これが心から信じられるのはフェミニストカウンセラーだからこそ。そして丁寧にゆっくり被害者に沿うカウンセリングが始まります。既述のようにクライエントは想起したときの苦しみで、カウンセリングを離れる場合も出てきます。対応を急がず、クライエントの様子を見ながら続けます。

ハラスメント防止法の施行後、企業・施設等での取り組みが始められ、少しずつその重大さが知られていくようになりました。そこでの研修のためにフェミニストカウンセラーは派遣されています。警察署内にも相談所が設けられるようになってきています。

たとえば東京都では、性犯罪・性暴力被害者ワンストップ支援事業が設けられ、24時間、365日の対応がとられるようになっています。また必要に応じて、産婦人科医、警察、法律相談、精神的ケアに結び付くようになっています。普通のカウンセリング・ルームでは、主として精神的ケアをしますが、フェミニストカウンセリング京都は、既述したように、このワンストップ事業を担っています。

セクシュアル・ハラスメント対応の使用者責任を盛り込んだ男女雇用機会均等法の第二次改正（２００６年）にも、フェミニストカウンセラーは大きな役割を果たしています。具体的には、期間を決めてセクハラの電話相談を行い、その結果を持って改正内容のロビー活動を行って、それが法改正につながりました。

ドメスティック・バイオレンス＝ＤＶ被害者の援助

ＤＶの問題も性暴力被害と同じく顕在化してきました。長く、夫婦喧嘩としてしか捉えられていませんでしたが、考えてみればおかしな話です。もし夫が隣人を殴ったら法律に違反します。妻ならよいのでしょうか。被害者の苦しみも性暴力被害と変わりません。その一つの例を挙げましょう。

「ウィメンズカウンセリング徳島」で相談に当たった事例です。結婚して県外にいるある女性がＤＶで苦しみ、うつ病で投薬を受け、別居も離婚もうまくできず、またそれらの行為を義母に責められ、オーバードーズで結果的に自死に至りました。実母にもいえず、娘の死後これらを知った徳島にいる女性の実母はＤＶに関する自分の無知を恥じ、また娘を救えなかった苦しみで自身がカウンセリングを受けはじめたというケースです。実母の苦しみも並大抵ではありませんでした。彼女自身もまたＤＶの被害者でした。

性暴力やＤＶ被害者への診断に対する批判

まずこの問題に触れておきましょう。米国のフェミニスト心理学者や精神科医が、これまで統合失調症として診断されてきた患者を、ＤＶの被害者ではないかと疑い出し、それを明確に再定義したのはジュディス・Ｌ・ハーマンです。それまで統合失調症とＤＶ被害者が同一視されてきたのは、症状が酷似していたからです。家に引きこもりがちになる、絶えず怯え、不安感情に付きまとわれる、ある時には妄想や幻覚におそわれる、自信欠乏状態とうつに悩まされる、などです。さらに被害者は、暴力のせいで、身体にあざなどができるとか、骨折などもありますが、問われても転んだ、階段から落ちた、など自分の落ち度として述べます。それほど加害者からの再度の暴力を怖がっているし、またそのようにマインド・コントロールされてもいるわけです。

ハーマンは、アメリカ精神医学会の手になる『精神疾患の分類と診断の手引（ＤＳＭ－５）』において、たとえばＤＶの被害者を多くの男性精神科医が「マゾヒスト的人格」という診断名や多重性人格障害と評することを批判しています。（中井久夫訳『心的外傷と回復』みすず書房１９９６）。

このような見直しがあってこそ、女性に対する暴力のメンタル被害が明らかになってきたのです。

どのようなＤＶがあるか

ＤＶ被害として、身体的暴力（殴る、ける）、心理的暴力／コントロール（バカ、能無し、お前など死んだほうがまし等と罵る、居場所を5分ごとに連絡させる）、性的暴力（生理中の性交強要、避妊の拒否）、経済的コントロール（生活費を渡さない）等がとりあえず分類されていますが、どのカテゴリーにおいても暴力によって、まったく本人の存在が矮小化され無力化されてしまうことが重要です。常におどおどし、いつ夫が怒り出すかを常に気に病んでいるという状態です。被害者は、彼を怒らせる自分が悪い（と彼もいう）と思い込んでいました。マインド・コントロールであるという実態に十分に気がつくまでは。子どもがいる場合が多いので、子どもの目前での暴力も子どもにとってトラウマになるのみならず、子ども自身も被害者となります。

ＤＶの場合は、なんとしてでも夫のもとを離れる必要があるので、それまでに気持ちを落ち着かせたり、離れる決意をさせたりするまでが、心理的問題への対処を含めて、カウンセリングの大事な過程になります。その後は、シェルターにしろ、知人宅にしろ、逃避先の居場所が確保できれば、生活保護の申請をするとか、仕事を探すとかの段階に移っていきます。夫にシェルターを探し当てられて連れ戻されるとか、さまざまな不安からシェルターを出て夫のもとに帰ってしまう場合もあります。夫が市役所で職員を恫喝し、家を出た妻の現住所を知り、妻を殺害したという悲惨な事件がありました。このような特殊なケースについては、自治体窓口のネットワークがキチンと機能すべきでしょう。

なにはともあれ、家を出た後の具体的な援助が重要であり、このすべての過程をカウンセリング・ルームで担うのは無理があります。そこでDV被害者への対応が自治体の責務になったのはフェミニストカウンセラーの力が非常に大きく作用しました。

男女共同参画センターの女性相談やカウンセリング・ルームなどで、DV被害者に出会い、当事者ですらDVであると認知できない状況から、DVやジェンダーの構造に関して時間をかけて話し合い、相談者がDV被害から逃れて、自立に向けた心理的支援をする、というような役割を担ってきたからです。誰よりも被害の実態を熟知しています。

さらに、地域の公的シェルターの相談員研修として性暴力被害者やDV被害者のトラウマ理解などを、個々のフェミニストカウンセラーが担ってきました。というのは、公的なシェルターでは専門的な心理支援はこれまでほとんど行ってきておらず、2021年からの内閣府の

「DV被害者等セーフティネット強化支援パイロット事業」という事業のなかで、初めて専門心理支援としてカウンセラーの人件費が支払われるようになったからです。フェミニストカウンセラーも民間シェルターでのカウンセリングに対して対価が支払われるようになりました。それができるまではボランティアでしたから。公的なDVシェルターは、ソーシャルワークが中心で、丁寧な心理支援はまったくできていませんでした。なので、そうした被害者が行政の女性相談から流れてきて、その後のカウンセリングを民間のフェミニストカウンセリング・ルームで行ってきたのです。

全国女性シェルターネットの活躍

ここで、学会の会員でもあり、同時に学会外での活躍を担うメンバーによる「NPO法人全国女性シェルターネット」の活躍に触れなければなりません。この組織の主メンバーにはフェミニストカウンセリング講座の修了生が含まれています。

この団体は、DV被害者のサポートおよびシェルター等を運営する民間支援団体の全国ネットワーク組織です。シェルターは、DV防止法施行後、各地の自治体でも設置していますが、売春防止法を根拠とした保護施設であったために、自治体からは本来の支援が不十分で、足並みはなかなかそろいませんでした。被害者は増える一方で、駆け込み寺としてのシェルターがフェミニスト女性たちやフェミニストカウンセラーの協力で各地で作られはじめたのです。この団体は1998年に組織され、2005年にNPO法人になっています。

困難な状況にある女性の保護業務を行う婦人相談員をはじめ、カウンセリングではなくシェルター運動に向かった人たちなど、フェミニストカウンセリングに近いところにいて、個別課題に取り組んできた方々の力には大きいものがあります。「シェルターネット」は、各地のシェルターとつながりを持ち、毎年全国大会を開催しています。

シェルターの場所を配偶者に知られないことが一番重要となれば、そう簡単にシェルター作りができるわけがないのはいうまでもありませんし、カウンセリング・ルームでは限界がありますさらに、フェミニストカウンセラーたちは、概して政治的な動きやロビー活動があまり得意ではなく、目の前の個別の人との関わりを重要視してきたところがあります。代わって、日本での「第二波フェミニズム」運動の担い手たちが、フェミニストカウンセリングのみならずシェルターネットや、その他の「差別反対運動を牽引する役割」を担ってきました。シェルターネットから日本フェミニストカウンセリング学会の研修に講師として来てもらうとか、研究者たちを巻き込んでフェミニストのネットワークが強固になったことによって、DV施策は実現したと考えられます。

キャンパス・セクシュアル・ハラスメント

　これはアカデミア（大学）のなかにおけるハラスメントです。教職員がその権力を濫用して当該校の構成員に対して不適切、不当な言動を行い、その者に不利益を与えることを指します。これまでにも、頻発していたことは明らかでしたが、問題になりませんでした。事態が名づけられない限り、あったことにはならない典型的な例の一つです。

　まず1993年に秘書の女性の告発で始まった京都大学矢野教授事件ですが、矢野暢《とおる》教授は、のちに複数の女性に対してハラスメントに及んでいたことが判明しました。数件に及ぶハラスメントのなかで深刻な被害を受けた事務補佐員である「甲野乙子」さん（仮名）が、矢野教授が所属していた東南アジア研究センターに質問状を提出することなどによって、セクシュアル・ハラスメント疑惑として表沙汰となりました。それを受けて、学生時代に自分も矢野教授から性暴力にあっていたという女性から電話があり、センターは、改善委員会を設置し、矢野教授のセンター所長辞任をもって解決をはかろうとします。具体的なペナルティもなく事件がうやむやにされるのを恐れた被害女性が、弁護士と相談のうえ、弁護士名義で文部大臣（当時）宛に質問状を提出したり、「甲野乙子」名義で京都弁護士会人権擁護委員会に人権救済の申し立てを行ったりして、世論に衝撃を与えました。矢野教授は、同年12月31日付で京都大学を辞職しました。

1994年1月の京都新聞に掲載されたこの事件に関する文章を読んだ京都大学の小野和子教授は、現状が理解されていないと感じ、すぐに京都新聞に「学者と人権感覚 矢野元教授問題によせて」を寄稿しました。さらに小野教授への反論が京都新聞に掲載されるなどして、問題はさらに複雑化し、拡大していきます。小野教授もまた、すぐに「大学でのセクシュアル・ハラスメントと性差別を考えるシンポジウム」において、「セクハラは小事か」と題する文書を配布しました。

矢野教授は、1993年末に退職しましたが、文部大臣に対する辞職承認処分の取り消しを求めた行政訴訟と、虚偽の事実が新聞に公表されたことなどにより名誉を傷つけられたなどとして甲野乙子、弁護士、小野和子に対する3件の慰謝料請求の民事訴訟を起こしました。しかし、いずれの判決も矢野の請求を棄却しました。その程度のこと（小事）で騒ぐものではないという意見（大多数が男性）もあれば、女性の人権を無視していると断罪する意見もあり、メディアにさまざまな意見が溢れました。

他大学の教員による援護等、この事件は大学におけるハラスメントへの警告・啓発・啓蒙という意味で一種のメルクマールとなりました。

1999年、文部省から「セクシュアル・ハラスメント防止等に関する規程の制定について」が出され、これを機に各大学に相談窓口やハラスメント防止委員会が設置されるようになっていきます。

東京大学およびお茶の水女子大学における活動

私自身、東京大学と勤務校であったお茶の水女子大学で、ハラスメント相談員のスーパーヴィジョンやハラスメント防止委員を務めました。「東京大学ハラスメント相談所」とお茶の水女子大学の「ハラスメント等人権侵害相談室」です。

東京大学での簡単な経緯をお話ししましょう。

フェミニストとして知られた東京大学の上野千鶴子教授と大沢真理教授（肩書きはいずれも当時）が中心になって、私に防止委員になることやケースのスーパーヴィジョンに関わることへの要請がありました。もちろん私がフェミニストカウンセラーであることを了解してのことです。後述しますが、この案件にはしっかりしたフェミニズムの視点が必要です。

1999年6月には、総長補佐のリードのもと、学内でのワーキング・グループが設置され、大学内でのセクシュアル・ハラスメントの存在をないものとしてきた背景や構造を話し合い、問題意識を共有しています。その後、2000年7月に「セクシュアル・ハラスメント防止のための倫理と体制の綱領」「セクシュアル・ハラスメント防止宣言」「ハラスメント防止委員会規則」が制定されます。そして「ハラスメント相談所規則」「ハラスメント調査委員会規則」と次々に作業内容が固められていきます。ハラスメント防止委員会（学外の法律家、心理学の専門家を含む。部局長の1／3が加わる体制）」の発足後は、「セクシュアル・ハラスメント防止のためのガイドライン」が作られます。すぐに「セクシュアル・ハラスメント防止宣言」「ハラスメント防止委員会規則」「ハラスメント防止のためのガイドラインの制定」「ハラスメント相談所規則」「セクシュアル・ハラスメント調査委員会規則」と、ハラスメントに関わる事案が具体化していきます。

専門相談員には、フェミニストカウンセリング学会に関わるメンバーを推薦しました。そして2001年3月から相談所の業務が開始されました。また同年6月にはセクシュアル・ハラスメントに関するアンケート調査が実施されます。学部生・大学院生（含研究生）1600名、教員（含非常勤）700名、職員（含非常勤）700名の男女を対象とした調査です。翌年結果が発表されました。東大の意気込みが感じられる出発でした。

この試みのなかで重要なことは、学外の防止委員の招聘です。私が心理方面の専門委員であり、またもう一人の委員の弁護士は法律方面の専門委員でした。これはよく問題になりますが、組織はどのような組織であろうと、何かことが起きると防衛的になり、どうしても身内で固めようとしがちです。相談所からあがってきた苦情申し立てをどのように理解し、当事者の話を聞き、情報を得て、最終的に客観的な調査結果を提出するかは、大きなポイントになります。防止委員と調査委員は、一部重なってても全員が同じメンバーであってはならないのは当然です。当然相談員も外部招聘です。

相談員の業務は、なぜ被害にあったのか、なぜ断れなかったのか、いうべきことをいってその場を切り抜けられなかったのか、など個人的な心理状態、生活経験、成育歴、環境を聞きながら問題を把握し、相談者に起こった出来事の意味を考えます。そして解決方法を一緒に考え、情報提供、大学のシステムの説明、申し立て手続きの利用方法の選択を話し合います。

具体的な申し立ての聞き取り、必要なら申し立て人のケア、必要な調査について、また防止委員会、相談所、申し立てが出た部局間の連絡、連携（力関係）、さらには相談員の雇用等、内部的な出来事に関しては、守秘義務の範囲なので控えます。人事院への不服申し立て、民事裁判、行政裁判に及ぶ場合もありますが、これも具体例は控えさせてください。現在東大には、本郷、駒場、柏のキャンパス3か所に相談室を設置しており、2021年には、1年にわたる派遣職員への性的言動で、研究所の教授に4か月の停職処分を科し、それを報告しています。

お茶の水女子大学では、改正に次ぐ改正で2017年に「ハラスメント等人権侵害防止ガイドライン」として人権侵害を明文化した業務としました。防止委員としての当時の仕事について印象に残る案件を1件紹介させてください。

ハラスメントに関わる訴えがあり、さまざまな経緯があった後、加害教授が裁判では敗訴しました。しかしどうしても大学には彼を復帰させなければならない事情があり、防止委員会の他の委員と事務方とで、教職復帰にあたって何回かにわたる研修訓練をした経緯があります。

その教授一人の例で加害者の人となりを普遍化するつもりは毛頭ありませんが、深く印象に残ったのは、普通の感情の言葉が全然会話のなかに入っていないことでした。たとえば、被害女性がとても傷ついたといっていたことをどう受け取られましたか、などと聞いても、無表情でまったく反応がありませんでした。彼も非常に防衛的であったのだろうと推測しましたが、反応する言葉はあるものの、いいたくないのか、まったくわからないのか判断のしようがなかったのです。訓練の効果を尋ねられたら、ほとんどなかったというしかありません。

教授は復帰し、しかしゼミ生の登録が一人もなく、結局すぐに退職しました。出来事は学内外で知れわたっていましたから。

現在専門学校も含め、高等教育機関にはセクシュアル・ハラスメントに関する相談機関があると思われますが、なかなか問題も多いと聞いています。

キャンパス・セクシュアル・ハラスメントの問題点

最大の問題は、ハラスメント防止委員会（に準ずる組織）が、学内の教員や職員で占められていることでしょう。既述した組織の防衛です。さらには学内の教員が相談員をしているところもありますが、もし同僚が加害者として申し立てられたら、申し立てを客観的に聞けるでしょうか。外部の相談員をどのように求めればいいかがわからないということもあるようです。安易に民間の人材派遣会社に求めるとか公募の場合もあるとか。フェミニズムや人権意識のない相談員もいるようです。

とりもなおさず、それは大学の求める相談員像が明確になっていないからでしょう。学校側は申し立てられた案件を外部に漏らしたくない。そういう場合は、相談員と申し立て人両方を、なんとか丸め込んで、「悪いようにはしない」的な懐柔作戦に出ることもあると聞いています。

また外部相談員の立場も微妙です。基本的には、申し立て人に沿うことが重要だとなっていますが、過度に権力構造やジェンダー構造に踏み込むと、学校側に学生を扇動すると思われたり、また学内の権力闘争に巻き込まれてしまうことがあるかもしれません。この意味では、相談員は、大学とも話し合って、自分の立場について相当に自覚的である必要があります。

ここで相談員として相談に関わる基本的なポイントを挙げておきます。

第一に、ジェンダー分析。性差別社会の実態を知らなければ、相談の内容をキチンと受け止められないでしょう。

第二が、権力の構造性。どのような構造においてハラスメントが生み出されているかの分析。

第三が、第二と関連しますが、学内の民主主義的環境の分析です。硬直的なピラミッドシステムではハラスメントが生み出されやすく、相談員からすれば、解決が困難になりがちだといえるでしょう。相談者の立場に沿いながら、過度に相談者を守ろうとして学校と対立すれば、解決を引きのばす結果を招来します。

大学ではなぜハラスメントが起き、解決困難になるのか、参考までに大学社会の構造体質に関する分析書を挙げます。上野千鶴子編『キャンパス性差別事情―ストップ・ザ・アカハラ』（三省堂　1997）です。

私見としては、一般的に大学内の部局、防止委員会、調査委員会、一般的な学生相談部等間のパワー闘争は可視化されないところで行われ、それがハラスメントに深い影響を与えていると思われます。

とはいえ、問題化されて二十余年。制度はできたが、現実はなかなか理想に追いついていないといえます。

第7章

心理的困窮を「病気」と考えない

――日本におけるフェミニストカウンセリングの特徴

本章では、日本におけるフェミニストカウンセリングの特徴を挙げます。米国でこのような特徴のあるフェミニストセラピィのオフィスは、私の知る限りありません。

医療モデルに倣わない

医療モデルとは、端的にいえば、治療者と患者、クリニック（病院）での診断と検査、そして治療という枠組みを指します。またこの現場には、それぞれ決められた役割があります。治療者は、圧倒的な情報や技術を持ち、ほとんどの場合、患者はそれらを持っていません。今でこそインフォームド・コンセントやセカンド・オピニオンという手段がありますが、それでも、医者の伝統的属性である権威の前では、自由に質問したり、決めたりしにくい。結果、誤った医療行為が頻発するのです。この状況は、そんなに変化したでしょうか。今でもよい患者とは、やはり医者や看護師の指示を素直に聞く人だと思われているのではないでしょうか。

しかしフェミニストカウンセリングでは、このような医療モデルに従いません。制度的に医療ではないから、医療モデルに倣うこと自体が不可能といわれればその通りですが、私の主張は医療の場での治療者―患者間の力関係を考えることにあります。

カウンセラーとクライエントの関係の対等性

対等性は、医療モデルに倣わない重要事の一つです。本来、女性として差別されてきた共通性とその共有が、フェミニズムを推進していくために重要だと主張してきました。フェミニストカウンセリングもこれに倣っています。クライエントたちのどのような心理的困窮を見ても「被差別」の体験を土台にしなくては、「問題」をくみ取れません。たとえば性暴力の被害者は、大多数が女性であって、年齢、職種に関係なく、誰であろうとリスクを負っています。セラピスト自身が被害にあった事例についての論文を、米国の専門誌から紹介しました（81ページ）。また米国での実践の初期、クリニックではなくコレクティブ、すなわちフェミニストセラピィ共同体と称していることなどは、フェミニストセラピィらしさの典型でしょう。

従来、歴史的に作られてきた治療者—患者間の距離を、固定的な力関係のなかで見ないようにしたいということです。伝統的な権威を持ったカウンセラーでなく、もちろん友人でもなく、だが、クライエントを援助できる人として対等な立場で向き合います。しかし一方で、情報や援助技法をカウンセラーは持っていますし、カウンセラーに依存しつつ、信頼感を醸成することも必要です。カウンセリングとは対他関係における信頼の獲得の場であるからです。

対等でありながら援助者でもあるという力量も問われます。この意味では力関係が不均衡な期間もありますが、しかし回復期、だんだんカウンセラーへの依存度が減っていけば、対等性が強度になります。このカウンセラーの対等性の感覚はその志を持って実践のなかで自ら訓練していくしかないと私は思っています。

私自身が気をつけてきたのが、知らないうちに帯びてしまう「権威」に自覚的であろうということです。またカウンセラーであるという役割からの一時的離脱。あるいは役割とそれを担う自己との関係をチェックし、役割と同一化しすぎていないか確かめてみる。家庭人・職業人との区別という意味ではなく、職業役割のなかに自己をぴったり当てはめてしまわないといえばいいでしょうか。時には、カウンセラーは役割から離れて「私」になっていくことも必要です。役割と自己とのズレへの自覚。役割重視社会の日本では、特に男性にはこの認識が必要だと思います。

対等性に関連して、話題になったのが、米国でのカウンセラーの自己開示です。体験の共有という自己開示、すなわち、自分も性暴力を受けたというような自己開示をセラピィのなかでするかどうかです。クライエントは、カウンセラーの人間観や死生観を感得しなければ（できなければ）、誰と関わっていることになるでしょうか。カウンセラーは、カウンセラーという役割を身につけただけの人ではありません。

とはいえなにもカウンセラーの個人的生活情報を伝えたり、カウンセラーの価値観を話したりするように、といいたいわけではありません。いわなくても、フェミニストカウンセラーならばそれだけで十分にわかるものはあります。私は政治的な話を一度もしたことがないのに、クライエントから、「先生は左だから」といわれたことがありました。それに反応をしませんでしたが、「左」が何であれ、そう思われることはまったくかまいませんでした。

私は何度か米国での、フェミニスト心理学会（AWP）に出席しましたが、自己開示は課題としてよく取り上げられていました。あまり意味のない個人情報を開示することは却下ですし、といって自分も暴力を受けた、との開示が、よくわかってくれるというクライエントからの信頼や回復に役立つかどうかはわかりません。「それであなたはもう回復したのですか？」とクライエントは結果を知りたがるでしょうから、話題はセラピストに移ってしまいます。その経過を話し合いにしてしまえば、害にしかなりかねない。カウンセリングの場とはあくまでクライエントのものですから。

自分も過去に麻薬を使っていたというような開示に、私はフェミニスト心理学会で反対した記憶があります。理由は性暴力の開示と同じです。もしクライエントから「どちらにお住まいですか？」と聞かれたら、率直に「○○市です」と答えるか、「なぜそれが知りたいのですか？」と問い直すかどうかは、クライエントによります。あくまでその効用を深く検討してみるべきだというのが結論でしょう。クライエントとの適切な距離を失くしてしまうと、それ自体が弊害になってしまう可能性が考えられるからです。

脱病理化

ここまで、フェミニストカウンセリングについて書いてきたことの核心は、脱病理化に収斂されます。わかりやすくいえば、クライエントを「病気」として見ない、「病気」の言葉でもって理解しようとしない、ということです。過度の心理還元主義に陥らないことでしょう。「病者」もまた社会的に構築された者であることに注意を喚起したいと思います。たとえばスーザン・ソンタグの『隠喩としての病い』（富山太佳夫訳　みすず書房　1982）において、がんと結核が事例として述べられています。病気そのものというよりは病気に付された隠喩（メタファ）に意味がある、と。換言すれば、病気とは社会的に構築されているということになります。かつてドイツの精神科医E・ブロイラーが、精神分裂病と躁うつ病を区別したことは、よく知られています。その100年後、わが国で精神分裂病は、統合失調症と病名を変えました（2002年）。名前が変わってこの「病気」がよくわかったか、理解や受容が進んだかといえば、そうでもありません。診断を得ることは、「病者」の苦境からの脱出に、必ずしも役に立つわけではないでしょう。

ここで、アメリカ精神医学会の手になる『精神疾患の分類と診断の手引（DSM-5）』を取り上げましょう。これは何度も改訂されつつ、全世界的に使われ、わが国でも、精神科医の聖書のように扱われています。この「手引」に対する反論の一つは、不愉快な悩みには違いないが、ありふれた困りごとを病気だと診断する傾向があることです。その具体例をH・カチンスとS・A・カークの著作からお借りしましょう。

たとえば、

・一人を好む――スキゾイド（分裂症的）パーソナリティ
・学校でトラブル――反抗挑戦性障害
・万引き――行動障害
・飲みすぎ――アルコール乱用
・元気がない――気分変調性障害

（高木俊介他監訳『精神疾患はつくられる』日本評論社　2002）

この「手引」を読むな、とか学習するな、といいたいのではありません。勉強しておくことは大事です。しかし、繰り返せばフェミニストカウンセリングでは、クライエントを初めから「病気」として見ない、たとえばＤＳＭを使って「病気」の言葉でもって理解しようとしない、ということです。一人の困窮している女性として、何になぜどう困っているのか、フェミニズムの視点において、時間をかけて丁寧に解きほぐしていこうとする試みが重要です。

記憶にあるこんな会話をご紹介しましょう。

クライエント（以下「ク」）：私、うつ病でしょうか？（診断が欲しい）
カウンセラー（以下「カ」）：あなたはどう思っていますか？（クライエントの見立てを聞く）
ク：朝起きても食事の支度もしたくないし、献立を考えるのが辛いとか、自分なんか価値のない人間だと思ってしまいます。で、落ち込んでしまいます。やっぱりうつでしょうねえ。（常識的に知っている状態を述べている）
カ：う〜ん、そうですか。私に何かいってほしいですか？（クライエントの気持ちの確認）
ク：ええ……。
カ：もし、うつ状態だといったらどう感じますか？（クライエントの気持ちを知る）
ク：半分そうだったのかという安心と、半分はやっぱり……という重い感じ。
カ：それはよくわかります。でもあなたの状態をどのように名づけるかより、そのことをこれからご一緒に考えていくほうを大事になさいませんか。でもあまりにもお辛いようであれば、投薬を受けるのも一つの方法だと思います。同時にカウンセリングを進めていくというのは、いかがでしょうか?

ここでカウンセラーは、「うつ状態」を否定しているのではありません。クライエントはいつも、その辛さをカウンセラーに訴え、受け止めてもらう必要があります。現在うつにはさまざまな薬が出ていますから、それに一時的に頼りながらも、一緒に、暮らしぶりや、考えられるなら、うつになった状況を見直していこうとお勧めしています。薬によって状態が改善すれば薬をやめればいいのです。

以上は、「うつ」をめぐるやり取りですが、このような話し合いを通して、クライエントによる問題の再定義もありえます。

エンパワーメントの援助

いいところを伸ばしていくとよくいいます。別の言葉でいえば、改善できる部分を見つけ伸ばしていくということでしょう。第4章で述べた、サリヴァン先生の「この人はどんな人?」

という質問は、まず症状ではなくその人を見ていこうとするパラダイムの転換ですね。もし私がサリヴァン先生の受講生であれば、「穴を掘れといわれたら、どこまで？ などとは聞かないで、ドンドン掘ってしまい、途中で困るという感じでしょうか。融通はきかないが、愚鈍なぐらいに正直で子どものようなところのある人かもしれません」とかレスをしてみたい、などと思ったことでした。

女性をエンパワーメントするなどとはかつては考えられませんでした。男性には、「能力を伸ばす」とか「人材育成が必要」などといい、適切なネットワークもあります。しかし女性にはそのような条件がありませんでした。フェミニストカウンセリングの重要な目的はエンパワーメントです。暴力被害からの回復後、前の自分に戻るのではなく、新しい自分に出会う可能性を恃《たの》みます。周辺化され無力化されてきた長い歴史のなかで、フェミニズムによって初めて、女性のためのエンパワーメントが登場してきたのです。

ある時、ある女性が来所してこういいました。

「テレビの某アナウンサーが、番組で、私に盛んに秋波を送ります。言葉ではいわないけれども私を愛しているという秋波ですね。見ていてわかります。私にはその気がないから、止めてくれとテレビ局にいいに行ったのですが、門前払いですよ。酷いもんです」と。

こういう場合、一般的にいって、彼女が妄想を持っているのは事実でしょう。わざわざそんな作り話をいいに来ることはないでしょうから。しかし、この場所が警察ではなく、カウンセリングの場であることを知って来所しているはずで、この意味は何だろうと考えましたが、うまく答えてもらえる質問でないと判断し、それには触れませんでした。

私がクライエントに代わって、テレビ局に行っても、おそらく会わせてもらえないだろうし、彼の秋波を止めさせることもできないと思う。しかし他に困っていることはないか、人間関係などはうまくいっているのかと尋ね、その方向に興味を向けてもらおうとしました。提案に彼女はノッてきました。実は困っています、と。そのあたりを検討することで、少しでもクライエントのエンパワーメントにつなげられないかと思ったのです。

二度目の予約もとり、クライエントは時間通りに来所しました。しかし話はテレビに始まりテレビに終わってしまいました。「妄想」と考えられる内容にあまり同調するわけにはいかないし、ちょっとしたポイントを捉え「そうではないでしょう」的に説得するのも効果がないのはわかっています。三度目には予約はとったが現れませんでした。失敗のケースです。そうなるだろうとは思っていましたが、簡単に妄想だとかたづけないで、何らかの方法がないか、一緒に考えてみたかったのでしたが。

ついでに思い出話をもう一つさせてください。すでに故人になっておられるし、私は彼女に感心したので、お名前を出します。まだ開設初期の頃、鯨岡阿美子さんという著名な服飾評論家が相談にいらっしゃいました。アミコファッションズを設立した方です。彼女と一緒に初期の女性デザイナーの領域で頑張ってこられた友人Sさんのことで相談があるということでした。Sさんはこれまで妄想があって、何度か精神科に入院して、投薬でしばらくすれば普通に戻り、仕事もしてきた。最近また妄想状態になっているものの、自分は病気ではない、といって投薬を強く拒否する。Sさんの「妄想内容」とは、業界内でのいじめ、特に男性から、邪魔者扱いされ、絶えず拒否される、というもの。Sさんは鯨岡さんにはそれを話していました。

で、ここからが私の感心です。鯨岡さんは、みんな妄想とおっしゃるけれど、競争の激しい男性社会のただなかにいれば、本当にあったことかもしれない、ありうることでもある。だから妄想と簡単にかたづけないで、一度Sさんに会って話を聞いてあげてほしいと私に依頼しました。私は鯨岡さんの、ありのままに友人を受け入れる気持ちに感心しました。

私への紹介者がフェミニストの故吉武輝子さんでしたから、ありがたいことに鯨岡さんはフェミニストカウンセリングのことはおわかりになっていらしたと思います。

Sさんは私がカウンセラーであることは承知で、そのせいか若干防衛的で、話し合うことをあまり喜ばず、残念ながら、二度拝顔したのみで切れてしまいました。鯨岡さんとは電話での数度のやり取りがありましたが、その数年後に亡くなりました。

鯨岡さんとの電話のやり取りの具体的な内容は記憶にありませんが、今ならこう助言したいと思います。１００％「妄想」に取り込まれていない時間がもしあれば、その話に同調しないで、仕事に注意を向けるように、そっちに引っ張ってみてほしい、と。鯨岡さんならおできになるかも、と思ったのでした。

女性の体験を肯定的に捉えるジェンダー分析

ジェンダー分析においてカウンセラーが気をつけることを2点挙げておきましょう。一つは女性の体験を、どのようなものであれ価値のあるもの（こと）として捉えることです。女性の体験を容易に普遍化することではなくて、個々の女性の、多様な生きざまやそれらの複雑さを十分に視野に入れて聞き、肯定的に捉えることです。クライエントは、よく「ここにはどんな人が来るんですか？　私の話は取るに足らないことなんです」といいます。「でもあなたにとっては、大事な話なのでしょう？」と私は絶えず返してきました。「そういわれたら安心する」とクライエントはいっていました。

ローラ・ブラウンは「経験というデータから離れないこと」（Laura Brown "Subversive Dialogues" Basic Books 1994）といっています。また多様性の変数（年齢、教育、性志向、出自、信条等）にも考慮しなければならないでしょう。もちろんこのような変数の表明は、クライエントの裁量に任せるべきですが。

ジェンダーと複雑に交差するのが、権力関係です。この分析は、社会構造内の、対人関係における最大にセンシティブな視座といえるでしょう。組織のトップとして権力を振るうとか、その権力が男性から女性へとなれば、それは見えやすい現象となります。半面見えにくい権力構造もあります。男女差別についていえばあまりにも習慣として考えられているせいで、とても見えにくい例もあります。

この事態をピエール・ブルデューは「ハビトゥス」(身体化された規範システム)と概念化しています。説明を竹村和子から借りました。ハビトゥスは集団の特性を判断し、集団のメンバーにどのように振る舞えばいいかを指示し、そのような習慣行動に対して意味を付与します。そして、習慣行動を内発的で自然なものとみなす自己の知覚や意識を組織化する、と(竹村和子著『フェミニズム』岩波書店 2000)。これも、見えにくい集団とその権力構造ともいえるでしょう。

面談の語りから見えてくる言説実践の詳細なジェンダー分析が求められます。

「私」を主語にした「語り」の重要性

この説では、改めて「語り」の意味するところを振り返ります。

カウンセリングの場において、語るのは主としてクライエントです。ではまずは、クライエントの語りを聞いてみましょう。

極端な二つの例を簡潔に挙げてみます。

よく聞かれるのは、まずクライエントが話をしている内容は、ほとんど自分以外の他者の物語であることです。他者とは夫、子ども、友人やら同僚やら親族です。その他者が○○といった、とか、○○をしたとかを表現する際の主語は、まるで語り手であるかのように聞こえます。というか語りの主語は、「私」ではなくほぼその他者に貼り付いているので、主語が見えないといったほうがよいかもしれません。「○○といったと私は思う」「○○と私には聞こえた」とか、「○○をした（ように）と思われる」という風にはならないのです。主語がはっきりと現れていれば、二者間に距離が感じられます。

主語がないとカウンセリングにはなっていきません。望ましいのは、一方的に、自分は、○○と感じ、○○と行動する／しないという風に主語で始まる物語です。「私は（自分を）どうすればいいのでしょうか」という主語の語りによって、「私」は導かれます。

語り手が他者と離れていない場合の主語は語りの最後に来ます。「私はこの人を変えるためにどうすればいいでしょうか」。ここでやっと「私」が現れます。それでもまだその他者と自分には距離がありません。なぜなら「私」はカウンセラーの助言を得て　なんとかしてその他者を、自分の希望通り「変えたい」と思っているからです。

前者の場合は、ある意味で別人の病気を訴えてクリニックを受診するようなものです。話し合いのある時点で、カウンセラーの介入が必要になります。たとえば「あなたは、おっしゃるようなお困りの事態をどのように変えられると思いますか」。これは、カウンセラーよりクライエントの考えを聞いています。「(私は)それがわからないから来たのですよ」と答えたら、それでよしです。これは突破口にはなります。主語が明確に私になっていますから。その後カウンセリングで他者を変えるような話し合いはできないこと、変わってもらうためには、その他者とのこれまでの関係性を考え直してみること、結果変わらなければならないのは、クライエント本人かもしれない、というようなことをクライエントに理解してもらうことになります。

つまり主語はその他者ではなく、明確にクライエント自身にならなければなりません。ここから本来のカウンセリングが始まることになりますが、発想の転換は簡単にはいきませんので、ここまでに必要な時間にカウンセラーは寄り添います。

その経過のなかに当然個人史が含まれます。これ自体はカウンセラーともどもクライエントが自身をどのように理解するかが重要です。次第に何をどう語るかが了解されはじめます。その他者が夫の場合を取り上げてみましょう。彼から比較的自立し、自分のアイデンティティを持った妻は、カウンセリングには来ませんが、一方クライエントの場合の所属する先はほぼ夫です。夫の会社や役職に付随した妻、子どもの母等。主語を獲得するにつれてやがては関係のなかの自己、社会構造のなかの自己を認識するようになってきます。

また語りの主流を占める「〜さ（ら）れるという被体験」も見直されるでしょう。クライエントは、概して受け身です。受け身での物語です。たとえば「絶えず批判されている」という受け身性を、「絶えず批判されているように私は受け取る」、または「感じる私がいるのかもしれない」というような主体の感受性として立て直す。「〜されている体験」が「褒められる体験」でないのは間違いありませんので、ここで述べている「〜されている体験」は、ほぼ否定的傾向を持ちます。そのため、自己否定からなかなか抜け出せないのです。

とすれば語りのポジショナリティが重要になります。私はカウンセラーに「あなたはどこから語るのか」と問いかけたいと思います。あるいは「どこにいるのか」と。お互いの立ち位置が理解可能になるためには、「どこ」を特定する地図の共有が必要なのです。カウンセリングの場においても地図は共有されたほうがよいに決まっています。カウンセラーが直截にフェミニズムを語ることは、クライエントからの要請でもない限りありませんが、長期にわたるカウンセリングでは、そのフェミニズムの地図が共有できるようになっていきます。私はここから語るけれど、あなたはあちらから語る、では、既存のカテゴリー・システムは動いたり変わったりしませんから。

ここで私が主張したいのは、私を主語にして語ること、それに馴染んでもらうこと。「私」は社会的・政治的な構造のなかで、初めて「私」を見直し、しっかりと「私」と対峙し、「私」を語るようになります。それを徹底的に促すのがフェミニストカウンセリングなのです。

問題を共有するグループ・アプローチ

これまで、グループ・アプローチとしてCRやATの活動を説明してきました。さらにSETやSHもあります。これらの活動がフェミニストカウンセリングにとって非常に重要な活動であることはいうまでもありません。SETは自己尊重トレーニングと呼ばれ、同じく10名前後のグループになって、毎回何らかのワークシート（自己史グラフ等）に従って、自分を説明しながら、自己評価の低さに気づき、それを少しでも高めたいと意図していきます。SHは自助グループです。母−娘問題、嗜癖・過食・拒食グループなどがあります。

CRについては十分に述べてきたので、改めて説明する必要はないと思われます。ここに、二人の先達からのグループ活動への想いを紹介します。

「女たちにとり小集団は、自分たちの共通な状況を定義する方法でも場所でもある。それはまた協調的で、確かな社会の実験モデルでもある。かつての女性にとって、拡大家族、女性間の親密性、居住配慮（コレクティブと呼ばれる集団の居住形態で、多くの場合、あらゆるものが共有される）などの体験はほとんどなかったのである」（フィリス・チェスラー著　河野貴代美訳『女性と狂気』ユック舎　1984）

「フェミニストカウンセリングにとって、グループ・ワークをベストとして推薦する。ここ30年にわたる経験や調査、個人の物語は、沈黙と秘密が女性の心理的困窮に大きく作用してきたことを示している。グループにおいて、女性は自分が女たちの問題を共有していることを発見する。これは、たちまちにして恥や孤独感を軽減させるのである」（レオノア・ティーファー著「アメリカにおけるフェミニストセラピィの現状」河野貴代美編著『シリーズ〈女性と心理〉第4巻　フェミニストカウンセリングの未来』新水社　1999）

セクシュアル・ハラスメント等性暴力被害裁判へのコミットメント

セクシュアル・ハラスメントの被害を裁判に訴える事案が起こった最初は1989年、福岡においてでした。セクシュアル・ハラスメントの用語を使っていないこの裁判では、精鋭19名に及ぶ大弁護団が結成され、2年8か月の歳月をかけて、加害行為者のみならず、会社もその責任を負うことを明確に認めた画期的な判決が出されました（職場での性的いやがらせと闘う裁判を支援する会編『職場の「常識」が変わる―福岡セクシュアル・ハラスメント裁判』インパクト出版会　1992）。

裁判に訴えることは、実名を晒さざるをえないとか、一般的な裁判では申し出に対する事態の目撃証人が存在しないという悪条件があり、相当な勇気が必要です。何にもまして、女性の側にも落ち度がある、どうして「キャー」といって逃げなかったのか、「助けてー」と声をあげないのか、そうでなければ合意であったという「俗説」に支えられて提訴された裁判では、敗訴のケースが多かったのです。痴漢の被害に対して「スケスケの服を着ているからだ」「女性も誘ったのではないか」とはあまりにも流布された俗説でした。

このような俗説を「神話」と呼びます。神話は裁判官のみならず一般女性にさえ支持されているように思われます。人々は、単純にどうして声をあげないのだと不思議がるでしょうが、しかしそれは自分事として考えればよくわかるはずです。たとえば列車内の痴漢を考えてみましょう。被害にあった多くの女性はその最中に「痴漢だー」とか「止めてください」などと車内で声をあげられるでしょうか。わが身に引きつけて、ぜひ考えてみてください。

私の痴漢の被害体験

裁判まではいきませんでしたが、私自身の被害体験についても触れておきたいと思います。

私の場合は、言語的セクシュアル・ハラスメント、車内での痴漢等たくさん経験していますが、一例だけ紹介したいと思います。まだ20代の頃、東京の列車内で酷い痴漢にあいました。車内でつり革を持って立っている私の背後で、夏のドレスのお尻を撫でまわされ、身体をずらすことでなんとか逃れようとしたり、周りを見たりしましたが、立つ位置を自由に変えられない程度に混んでいました。何をしても功を奏さず降車駅をただ待ち望んだのです。私にされていることが痴漢であることはわかっていましたが、セクシュアル・ハラスメントの言葉はまだなく、声をあげることなど思いもよりませんでした。

やっと着いた降車駅のホームで、未知の男性がある男性の手を摑み私の肩を叩いて「あなた、この人に痴漢されていたでしょう?」とおっしゃる。驚きましたが、はい、といって彼に連れられて一緒に警察に行きました。車内の混みようにもかかわらず、痴漢行為が件の男性にわかったのではないかと思います。別々の部屋で調書をとられ、警官には軽犯罪法に触れる、といわれました。これは本当の罪名だったのかどうか、今ははっきりしません。調書に署名をしたのちすぐ帰されたので、件の男性には会えず、どこのどなたかもわからないままになりました。「犯人」がどうなったかもわからないまま。

警官からは、忘れもしません「あなたきれいすぎるんだよ」といわれました。こんなことを自慢しているつもりも褒め言葉だととっているつもりもまったくありません。何もレスできず、憮然としていました。今なら「それって二次加害ですよ」といい返せますが。腹立ち、不快、イライラ……、60年近く前の出来事なのに、今でもその時に着ていた花柄のドレスや黒のローヒールまで鮮明に覚えています。以降私は、痴漢行為にとても敏感になりました。隣に座る男性が大きく股を広げて私の足をすぼめさせてくると、これは痴漢行為か行儀が悪いだけか、と懸念すること自体にとても苛立ちます。

横浜および秋田セクシュアル・ハラスメント裁判

この両事件には、フェミニストカウンセラーとして、カウンセリング・ルームで被害者と面談してきた経験に基づいて、鑑定意見書を書き裁判所に提出しました。横浜裁判には、原告Aさんをはじめとして、裁判の経過、弁護士の上申書、私以外の数人の意見書が「横浜セクシュアル・ハラスメント裁判報告書“From A to A”」（1998）として、後者は『セクハラ神話はもういらない――秋田セクシュアルハラスメント裁判　女たちのチャレンジ』（秋田セクシュアルハラスメント裁判Aさんを支える会編　教育史料出版会　2000）として出版されています。

まず両事件と裁判の経過を簡単に報告します。

横浜裁判は、企業内における上司の、女性部下Aさんに対する身体への接触、キス等のわいせつ行為が争点でした。3つの女性問題グループが支える会を作り、一貫して原告を支えてきました。

原告が横浜地裁に提訴したのが、1992年7月のことです。地裁での判決は敗訴。「原告が逃げたり、声をあげたりしなかった」ことを理由に、原告の供述を信用できないとして請求を棄却しました。既述した神話です。東京高裁に上告。高裁では、「原告と被告の上司と部下という関係性や同僚との友好関係を気にして、助けを求めなかったといって供述内容が不自然とはいえない」と断じ、1997年11月に勝訴の結果を出しました。二審で私は原告、弁護士、支える会に依頼されて、裁判所へ鑑定意見書を提出しています。

秋田事件の裁判は、1993年9月に、地元短大に勤務する原告Aさんが、上司のK教授や仲間と学会に出張した際のホテルで起きました。帰り支度に忙しくしていたAさんにK教授がセックスをせまった、強制わいせつです。Aさんは大学側のK教授を守る態度があまりにもあからさまで話し合いにならず、同年12月に秋田地裁への提訴に踏み切りました。この場合もA

さんを支える会が作られ、女性の誰にでも起きうる事態と反暴力の視点から、活動は熱を帯びたのです。

1997年1月、秋田地裁は、性暴力の被害者はキャーといったり逃げたりするはずなのに、そのように振る舞わないAさんは被害者として不自然である、とする判決を出しました。なんとまあ、横浜と同じです。既述した神話の「望まれる被害者像」です。さらにK教授の名誉毀損の訴えを認め、原告に60万円の支払いすら命じたのです。裁判官の、被害者は「神話」のような反応をするはず、とはどこでどのようにして得た情報なのでしょうか。人の尊厳がかかっているのです。これは、セクハラの被害者の救済が、司法の場では依然として女性への根強い偏見の壁に阻まれ、いかに困難であるかを立証したものでした。

両裁判の一審判決には、福岡裁判の判決が伝わっていなかったのでしょうか。いや、伝わっていたがあえて無視したのでしょうか。両事件とも高裁での判決で勝利しています。

その後、裁判でかつての神話が使われるようなことはほぼなくなったものの、フェミニストカウンセラーは、場合によって鑑定意見書を求められ、各カウンセリング・ルームで「なぜ逃げられないのか」等の冊子を作り、それが現在も裁判資料等で使われているようです。

裁判への関わりはフェミニストカウンセリング学会員の努力が大きいといえます。現在も、彼女たちは性暴力被害について、さまざまな発信やロビー活動などを行い、フェミニストカウンセリングを代表しています。

河野貴代美の鑑定意見書

両事件ともほとんど同じような時期に裁判になり、一審で負け、二審で勝つという、似たような経過をたどっています。その一審で敗訴の後、私に依頼が来ました。

余談ですが、当事者ご本人から意見書を書いてほしい、という要請も何度かありました。全部お断りせざるをえません。もし、裁判を望むなら、それ自体は弁護士と一体になって進めていくものだという考えが私にはあったし、自分は当事者だとおっしゃるだけでは、お受けすることはできないと思われたからです。裁判のような場合にはいかなる人材を有するかが重要なポイントになると思われます。いつも最大の援助者である弁護士と相談してほしい、とお断りしてきました。察するに、わらをも摑む気持ちで、私のようなフェミニストカウンセラーに訴えればなんとかしてくれるという期待があったのでしょう。それほど被害者を取り巻く環境は本人にとってネガティブだといわざるをえません。

さて、鑑定意見書の詳細はここで必要ではないと思われますので、要点、特にフェミニストカウンセリングに沿った観点に絞って記述したいと思います。両裁判とも、提出された鑑定意見書は時期的に同じ頃で、おおむね似たような記述になっています。秋田事件の現場は大学なので、大学におけるセクシュアル（アカデミック）・ハラスメントについての米国の「教育の場におけるセクシュアル・ハラスメントの具体例」（1980年　教育修正法第二編に基づく）の私の解釈の要約を入れました。

両鑑定意見書は、まず総論としてフェミニストカウンセリングについての説明から始まります。裁判官や被告弁護人にとっては、きっと初めて聞くような言葉だろうからです。

続いて、一般論の説明です。米国の研究者、A・W・ブジェスおよびL・L・ホルムストロムによる、強姦被害者の対処行動を3期に分けた分析を紹介しています。

1期　強姦の脅迫期：＊なんの戦略も用いなかった——身体的、心理的麻痺状態。何もできず、また考えられない状態です。

2期　強姦最中期：＊認識的戦略—現実の出来事から自分を切り離し事態に関係ない別の考えに集中する。＊感情的反応—泣く、怒る。＊言語的戦略——金切り声をあげる、話をする。＊身体的行動—格闘する、相手を殴る、打つ。ただしこの戦略は、自分の身に危険が及ぶ場合があり、また抵抗することが加害者の望むところで、それによっていっそう興奮することが考えられます。＊心理的防衛—耐えがたい感情を遮断する、否認する。こんなことが自分に起きるわけがない等。＊生理的反応―嘔吐、失神。
3期　強姦直後：＊茫然自失状態――ほぼ全員が、自分に起きたことを認識できていない。＊帰宅後――認識後ショックの大きさによって、自宅に誰かいても事件を話せない。数日してうつ状態になっていくこともある。

相当に省略されているこのような行間からでも、神話で述べたような「望まれる被害者像」などではないことがうかがわれます。

さらに、私の鑑定意見書は、横浜裁判の一審判決に次のように反論しています。
①原告Aが、ハラスメントが20分続いた、と供述している点について――20分が不当に長すぎると判決にはありますが、私が扱ったケースには、もっと長い時間、性的虐待行為に耐えたものもあります。また原告のケースよりもっと重大な性的侵害ケース――たとえば強姦に及ぶ――を耐えた場合もあります。このケースは時間的に決して長すぎるとも、特殊なケースということもできません。事案は個別的です。
②なぜ助けを求め、逃げ出さなかったかについて――そういって逃げ出し、未知の誰かに出会えたとして、彼女の訴えをそのまま受け入れ、一緒に現場に戻ってくれる人がいるでしょう

か。また現場に加害者が留まっているでしょうか。現場に留まっていたとしても、加害者は当然自分を庇うでしょう。「その人がおかしいんですよ」などと反応するに決まっています。「すみませんでした」などといって自分の非を認めるわけがないから、裁判になっているのです。あるいは逃げ出しただけですむでしょうか。

③その後何事もなかったかのように弁当を食べたことについて――職場の仲間にいっても、仲間はどう反応すればいいでしょうか。ただ困るだけでしょう。また被害者には仲間を驚かせたくないという気持ちも働きます。

④同僚に話した時、うまく話せなくて泣き出したこと――悩みながらこの事件に耐えていたわけだから、うまく話せるわけがありません。涙も溢れるでしょう。混乱状態は当然です。

私はこのように反論を書いたのち、結論として、以下のように鑑定意見書を締めくくっています。

「以上のようになぜ被害の実態に反するのに、これまでのべてきたように、このようなワンパターンの反応がかくも流布してしまっているのでしょうか。それは、女性の存在が男性によって規定されてきた事実につきると思います。ボーボワールは『第二の性』（決定版　新潮社）で

『女とは何か』という根源的な問いをたて、それに、明確に『女とは他者にされたもの』と答えています。つまり男たちから、社会から、女は『こうだ』と言われ、女性もそれを受け入れてきた長い歴史があります。しかし、これが、本来の自己＝女性の現実からほど遠いイデオロギィになってしまっていることに、女性たちが気付き『自分とは誰？　何者？』と問い始めたのが、1960年代後半のフェミニズムの運動です。

女性たちは他者に規定されない異なった欲求、感情、行動パターンを持つさまざまな個々の存在を主張しております。このような裁判に訴えるということもそのような女性の痛切な訴えとして了解いただけることを切望いたします」と。

なお「横浜セクシュアル・ハラスメント裁判報告書 “From A to A”」（1998）には、東京高裁における原審の事実認定を覆すための、河野鑑定意見書の意義、必要性、問題提起を述べた、弁護士による上申書が、収録されています。

現在は、これまで述べたような神話は立件要因ではなくなり、また裁判所内にプライヴァシーを確保するための、被告と傍聴人を隔てるすりガラスの衝立が置かれるようになりました。

第8章

森瑤子の母娘問題他

——フェミニストカウンセリングの事例

本章では、事例を4つほどご紹介いたします。私自身は、2010年頃に現場から離れて面談をしなくなり、十余年がたちます。そこで、1例目は河野貴代美編著『それはあなたが望んだことですか――フェミニストカウンセリングの贈りもの――』(三一書房 2020)から福田由紀子著「性暴力被害者の事例」を借り、私なりの考えを追加しました。

2例目は、日本フェミニストカウンセリング学会の研究会に出された、河野和代の「多問題を抱えたケース」です。両方ともケースの経緯、特にカウンセラーとの対話の結果が詳しくないので、そこには私が注釈を入れて埋めています。とはいえ、私自身が面談をしていないので、現実感に欠けることは否めません。ケースの記載については、両方の著者から了解を得ていることを記しておきます。

3例目は小説家の故森瑤子さんのケースです。4例目は珍しい男性のケースで、すでに私が『フェミニスト・カウンセリング』(新水社 1991)に書いています。この本は初期、中期、終期に分けて、それぞれの期間の、私とクライエントとの詳細な対話の一部が載っています。私の反応を書き、それを自ら評価、分析した、いってみれば教科書的な内容であることに特徴があります。記載した当時のクライエントから了解を得ています。このケースは、彼自身が数年前に、また彼を私につないでくださった方もすでに亡くなっています。

後半の2例はフェミニストカウンセリングとしての典型的事例ではありません。事例は古いのですが、私のフェミニストカウンセラーとしての姿勢は当時も今もまったく変わっていないことを記しておきます。フェミニストカウンセリングのよくある事例として数例を挙げるのは現実的に困難で、4ケースの方に代理してもらいました。

父親から性行為を強要された、さをりさんのケース

さをりさん（仮名　28歳）は、実父から性虐待を受けて育ちました。小学校高学年で胸が膨らみはじめた頃、一緒に風呂に入ることを強要され、かつ身体を触られるようになり、その後父と性行為をするようになった、といいます。「最初はイヤだったが、どこの家でもしているといわれ、そういうものなのだと思っていた」。母親は病弱でさをりさんが幼い頃から入退院を繰り返し、中学3年の時に死亡。

父親が豹変したのは、高校に入って、さをりさんに彼ができた時からです。門限が厳しくなり、あれこれと口を出すようになりました。またその頃「普通の家では父娘がセックスなどしない」ことを知ります。ずいぶん性的成熟が遅いと思いますが、家外での付き合いを禁じられるとそういうこともあるのかもしれません。さをりさん自身が家庭の話を外に出さないように振る舞ってきたこともあるのでしょう。クライエントの世界は、時に驚くほど閉ざされている

実態も見られます。

普通の家庭ではそんなことはしない、と知って「ショックだった。自分のなかの常識がガラガラと崩れる感じ」。しかし父の求めを拒めば暴力を振るわれるようになってきます。「早く終われと思い、頭のなかでは歌をうたっていた」。身体だけ提供している感じだ、と。高校だけは卒業したいと思っていたさをりさんは、学費のためにセックスに応じていた、といいます。

さをりさんは、高校卒業後、父親の反対を押し切って、他県に寮のある会社に就職します。とにかく家を出たかった。「そこはブラック企業でした。上司がやたらと怒鳴る人で、みんな辞めていくが、父親に受けていた仕打ちを思うと、たいていのことは我慢できました」とさをりさんはいいます。さをりさんは真面目に働き、貯金をして部屋を借り一人暮らしを始めます。現在は転職し、別の会社で働いていて、「人事部なので、新人の教育もする。でもこんな私が人に教えるなんて、と思うと居心地が悪く、時々出会い系で相手を探し、その場かぎりのセックスをします。父親ぐらいの年齢のおじさんが多い。自分が汚れている感じがすると安心する。そういうセックスじゃないと快感が得られない」。

ケース分析

これ以降のケース経過の詳細は書いてありませんが（他県に行ってしまってカウンセリングを継続できなかったせいかもしれません）、カウンセリングが続くとして、トラウマからの回復が主題になるでしょう。彼女が面談でどのように感情を吐露したかは、わかりません。泣いたりわめいたりした様子は、なかったのではないかと思います。さをりさんは、負の感情を抑圧するのが上手なようですが、一般的にいって、それらをため込んでいると感情のコントロールができなくなります。さらに自分には教える資格がないという自己評価の低さ、また「自分が汚れている感じ」が残り、それが彼女の知っている快感の源泉であれば、辛いことでしょう。またこれは人間関係を築く際の障害になりえます。

さをりさんにすれば苦しいことになりますが、再度追体験をしつつ、その時々のネガティブな感情を吐き出し、回復に向けた第一歩を踏み出すことになるでしょう。さをりさんは、トラウマをうまく抑圧してきたようなので、ゆっくり、丁寧に寄り添っていく必要があります。カウンセラーは、決して焦らないこと。中断の場合は、しばらく待って、いかがお暮らしですか？　程度の簡単なハガキを出して再開を待ちます。それにしても高校生活をどのように過ごしていたかを詳しく知りたいところです。

カウンセラーとしての私が一番注意するのは、面談の時間内に、彼女の心の動きに絶えず敏感であるように努めることでしょう。目の表情、手足の動き、声の調子などで、カウンセラーに合わせていないかを見定めたいと思います。

いつの時点でカウンセリングが開始されたのかはさておいて、さをりさんの強さは、なんといっても父を振り切って離れたことにあります。いささか「監禁」的な暮らしを強いられたなかで、これは十分に評価し、サポートしたいところ。家を出る時に相当な修羅場があったのではないかと思われますが、詳細は書かれていないので不明です。経済的自立を考え、家を出た後も、父とまったく連絡をとっていないとすれば、これは相当な彼女の力である、といえます。ここはカウンセラーとしては十分以上に支持し、彼女のエンパワーメントにつなげられるといいと思います。のちの自己評価に関わってきますから。

これほどのクライエントであるものの、中学生になっても、どの家庭でも父娘はセックスをしているという父のデマを信じていたということに驚きがあります。もし彼女がそんなはずはないと反論できたとしても、父を納得させられるかどうかはわかりませんし、暴力を伴えば子どもとしてなす術はないといえます。酷い話です。

ここは早すぎる性教育の弊害をいい募る識者に読んでいただきたいぐらいです。特に女子生徒は月経に関しては学ぶにしても、それ以上には及ばない。性についての知識を得ることが、なぜ「寝た子を起こす」ことにつながるのでしょうか。寝たはずの子どもはいつ起きればいいか、あるいはすでに起きているかもしれません。性的事項に対する好奇心を制限するのに合理的理由があるでしょうか。親に内緒で、「お医者さんごっこ」をしたことのない子どものほうが少ないのではないでしょうか。もし私がカウンセラーなら、この場面ではけっこう突っ込んで話し合いをしたと思います。知らなかったことがおかしい的なニュアンスにならないように気をつけながら、そんなことは常識ではない、父が間違っていると明言したと思います。

娘が性の対象となるこのような場合、父は娘として見ていないという事実があります。あらゆる加害者は相手を「モノ」としてしか見ておらず、その非人間化が「魂の殺人」といわれるゆえんです。このケースでは、娘は妻のいない性のはけ口としての相手でした。ここに、「相手は人ではない」「被害者の人としての尊厳などどうでもよい」という加害者の相手に対するイメージを私たちは顕在化させてきました。

加害者は子どもの無知を利用します。さをりさんの場合がそれです。わからないだろう、ばれても子どもは説明する言葉を持たないから信じてもらえないだろう、と自分勝手な理屈をつける。誰にもいうなと念を押す。また家庭という密室のなかで行われることで、被害者にとっては逃げ場がない。一番訴えるべき母親が実は一番訴えられない人であることが多いのです。当然夫婦仲がいいわけがないし。フェミニストカウンセリングにおいてこそ「あなたが悪いのではない」というメッセージを本人が納得するまで徹底的に話し合い、そしてやがては「汚れていない自分」の発見につながっていくことが期待できるでしょう。

自閉症の子どもの母親として精神の限界を迎えた、Bさんのケース

Bさん（54歳）既婚。現在、夫（58歳・会社員）と同居。別に、祖母と同居中の息子（男性・28歳、中程度の自閉症で施設通所）がいる。

X年X月、B市の配偶者暴力相談支援センターから、同市の女性相談へ連絡がある。

「Bさんは、自閉症の子どもの母親として、障がい者の親の会に参加して活動していたが、そこでの人間関係のトラブルから一切の活動から退いて、今はほとんど引きこもっている。夫や夫の母親は、子どもの世話は母親の役割だと疑いもなく考えており、これまですべてのことを自分が担ってきた。Bさんは看護師であり出産後もなんとか仕事を続けたいと思ってきたが、子どもの障がいがわかって以降、無理だと判断して諦めた。実母が突然亡くなった後に、兄弟との相続のトラブルなどもあり、自分はもう精神的に限界だと感じているがどうしたらいいのかわからない、との訴えから面接が始まった。

話を受け止め現状を確認しながらも、毎回の面接ではこれまで彼女が感じてきたこと、大変だったことなどがバラバラに語られるため、主訴を絞り込むことが困難なほどであった。言葉

が重く、硬い表情のまま、絞り出すように語るBさんにどのようにアプローチするのがいいか、カウンセラーも模索していた。ジェンダーの心理教育の必要性を感じていたが、どのように伝えることができるのか迷うなかで、本を読むのが好きという話から、何冊かのフェミニストカウンセリングの書籍を紹介し、そうしたものを土台として少しずつ話し合っていった」

カウンセリング開始から6か月後

Bさんは、B市の配偶者暴力相談支援センターから紹介された相談者であり、センターの相談員とも電話相談を継続しており、相談員と連携をとりながらの面接であった。しかしBさんの精神状態が徐々に悪化して、それに気づいた相談員が同行して精神科を受診、その後入院となった。精神科医の判断と、家族の了解による医療保護入院（強制入院でも自由入院でもない、親族の同意があれば入院できる制度）である。これまでの彼女とはまったく違う言動を伴い、平穏な日常生活が困難な錯乱状態になったというところから、そのように判断されていたようである。

のちに、クライエントはこの時のことを振り返り、「自分が一杯いっぱいであり、もう無理、これ以上できない」という、何かがはじけたような感覚でいいたい放題になったこと、「でもどこか、ああこうしていることで『狂った』と判断されるのだろうなというような、ある理性的な感覚も実は持っていた」と話している。

1か月程度の入院で、落ち着いたので退院。その間に、夫や夫の母親は精神科医と話をして、これまでのように家事や子どものケアのすべてを担うことについてはしばらく無理だろうとの説明を受けている。それによって、障がいのある息子は夫の母親の住居に引っ越し、退院後には夫だけが同居して現在に至っている。

Bさんが「率直な言葉で初めて自分の気持ちを夫に伝えることで、夫自身も変化してきた」ことを、この頃に繰り返し話している。夫は、妻が息子のケアを担って当然と考えてきたが、それによって彼女が心理的に崩壊するほどの負担を抱えてきたことをようやく理解するようになり、日常の息子の世話は自分の母親に頼み、施設との関係や交渉などについては夫自身が担うという、これまでとはまったく違った生活へと変化している。

カウンセリング開始から9か月後

退院後カウンセリングを再開して、生活の変化についての罪悪感や葛藤、夫や夫の母親との関係の変化などについて話し合っていった。「障がい者の母親は生涯子どものケアをする存在とみなされる重圧を感じ、自分は社会的ケアへ移行することが親亡き後に生きていく息子には必要と考えていた」が、家族でケアすべきと強く考える夫や夫の母親の意向に従ってきたこと、自分自身のなかにもある母親の役割やジェンダー規範から、彼らを変化させることが難しかったことを振り返っていった。そうしたなかで、このような劇的な変化（精神科入院）でしか、具体的には生活を変えられなかったと振り返っている。

ジェンダー視点とは、これまでBさんが障がい児のケアを一身に引き受けてきたことを決して否定するものではない。一つの命を守り、その状況のなかではそれ以外に別の方法がなかったし、ある意味ジェンダー規範が彼女を支えてきたともいえるのではないかと、カウンセラーは感じている。ただ、そのまま生涯その役割に埋没するのではなく、自分が担ってきたケアを再評価したり、全体を理解したりしたうえで、改めて自分自身を生きられるような変化を支えるのがフェミニストカウンセリングではないか。このケースを通じてカウンセラーはそれを学んだと感じている。

Bさんは、カウンセラーと初めて会った時にはカウンセラーが何をいっているのかさっぱりわからなかったという。でも何か温かい、響く言葉をかけてくれているということだけ感じており、その後入院となったが退院したのちにはカウンセリングを継続したいと思っていたとのことだった。

現在クライエントは、N市の女性専用の電話相談と、民間シェルターのSNS相談、居場所カフェへの参加、その他のジェンダー関連の講座への参加など、複数の場でフェミニストカウンセリングに触れている。また、フェミニズム関連の本をたくさん読んで、そこで理解したこと、気づいたことなどを、カウンセリングのなかでは丁寧に語ってくれるようになった。

カウンセリング開始から17か月後

SNS相談のなかで初めて、子どもの頃の性暴力被害が語られた。対面してカウンセラーにいうことは難しく、SNS相談だからこそ、ようやく語ることができたと話している。

Bさんは被害当時そのことは誰にも話していない。母親と祖父母の緊張関係があり、家のなかで自分の気持ちを安全に話せる空気はまったくなかったと振り返っている。おとなしく、自己主張しないことが常であり、一刻も早く家を出たいと考えていた。嫁としての役割を母親から学んで、そのまま結婚、出産に至り、そこからは自分自身への理解などまったく持てないままにただ必死に生きてきたと振り返る。目の前のことに懸命で、壊れるまで自分は何もよくわかっていなかった。すべてがバラバラで、自分自身のことも理解することができないままにきたが、ようやく今は、つながりを持って感じられるようになってきたと話している。

子どもの頃のことを繰り返し語って、母親との距離や確執を振り返り、夫を早く亡くした母親は子どもと自分が生きていくのに精一杯であったことを、今は少しだけ理解できるようになってきたとも話している。

母親同様に頑張って、自分自身が疲れ果てていることに気づかなかったこれまでの暮らしを振り返り、今はヨガや瞑想などが自分をリラックスさせてくれることに気づいて、夫を放っておいて好きなことをしているという。義母が亡くなった後の息子のケアについてはときどき不安に感じることもあるが、その時にまた考えたらいいと思えるようになった。人との関係は今も緊張して疲れるが、安全な人を見分けられるようになった。

ケース分析

このケースを多問題を抱えたケースと書きましたが、福祉事務所における事例では、家族全員が貧困、アルコール依存、うつ病、非行等の問題を抱えている場合がけっこうあるので、それに比べれば多問題というのはいいすぎかもしれません。

Bさんを理解するために一番重要なことは、子どもの頃の性暴力被害体験でしょう。私も経過を読みながら、どうして急に錯乱状態になるとか、精神科病院入院になったのかがよくわかりませんでした。性暴力被害が起きうる家庭状況が決してよくないことは想像できます。子どもも時代の性暴力被害が回復されていなければ、何かのきっかけで混乱状態を来すことはよくあります。相談への入り口として配偶者暴力相談支援センターを経由していますが、暴力があるように見えない、訴えがわかりにくい、相談者の気持ちの整理が必要と判断するケースについては、同市の女性相談（フェミニストカウンセラー）に繋いで話を整理して、必要があればセンターの相談員のソーシャル・サポートと同時並行で支援を行っています。

Bさんは決して若いという年齢ではありませんが、SNSを利用したということは、まさに今風だと思われます。

さてBさんがSNS相談で初めて性暴力被害を開示できたのはよかったと思いますが、その他はいかなる対応がとられたかは不明です。いずれにしても、性暴力被害を開示してから、カウンセラーや電話相談員の助力もあって、退院後はずいぶん落ち着いてきているようです。この間の施設連携も重要でしょう。この場合は功を奏しているようですが、SNS相談まで入れると、多資源の利用ということでは、悪くはないと思われるものの、連携が困難になる場合もあります。Bさんの場合は、そのうえにグループへの参加、その他のジェンダー関連の講座への参加など、複数の場でフェミニストカウンセリングに触れています。また、フェミニズム関連の本をたくさん読んで、そこで理解したこと、気づいたことなどを、カウンセリングのなかでは丁寧に語ってくれるようになった、とカウンセラーはいっています。

Bさんはその後も定期的なカウンセリングで自分を丁寧に振り返り、整理する時間を重ねています。元総理の暗殺事件を契機に、政治と宗教の問題が大きく取り上げられていますが、母親の役割を強調する家庭教育支援条例の存在を知った時に、「これこそが私を苦しめてきたものだった」と号泣したそうです。障がいを持つ子どもの母親たちは、より施策の方向性に敏感にならざるをえず、心や身体を壊した数多くの女性たちを思って涙が止まらなかったとカウンセラーは書いています。自分に起きたことを社会構造のなかに位置づけ直して、フェミニズムの視点を獲得し、現在Bさんはさらに力を取り戻しつつあるとカウンセラーからは報告を受けています。

ここでカウンセラーが自己の姿勢について、かなり柔軟に対応してきたことがうかがえます。子ども（障がい者）は自分が面倒を見るべきと思い込んでいるBさんを、その労を認めつつ、自分から徐々に切り離していく作業にジェンダー論を示唆したのはよかったと思います。なかなかスムーズに話に入っていけないBさんに対して、フェミニストカウンセリングの本を教材にしたことも功があったのではないでしょうか。本とか夢とか音楽とか、必ずしも直接的な言葉に頼らない媒体を仲介にすることを私はあまり躊躇しません。

また問題を夫、義母、子どもにそれぞれ切り離して、各人の問題性を的確に示しながら、それぞれがすることを話し合っていくのは必要です。どのような対話があったのかがよくわかりませんが、間の中断も含めて、これだけの長い間おそらく丁寧にゆっくり話し合いが行われたのだろうと思われます。このように3年以上の長期にわたるケースでは、カウンセラーの力量が試されます。

家族の問題を抱えた、小説家・森瑤子さんのケース

森瑤子さんが亡くなってもう30年近くになります。亡くなるまで、おそらく本好きの女性なら知らない人がいないほどの流行作家でした。ある編集者を通して、当時森さんが書いている小説の登場人物に、性的問題を抱えた妻がいて、そのためのカウンセリングを受ける内容にしたい、ついては取材ではなく、ご自分も問題を抱えているから直接カウンセリングを受けたいとの申し出がありました。結果1982年後半から翌年6月までほぼ8か月にわたって私のクライエントになりました。森さん自身の性的問題の真偽のほどは不明ですが（直接話題にのぼりませんでした）、家族内の関係は問題含みで、それについては支援が欲しいということもカウンセリングの目的でした。

1983年になって、夏頃いったん中止して秋になったら来所するといった後、森さんから、

夏休みあけに、カウンセリングは中止したいという連絡をいただきました。しばらくして、毎回テープに録音した私とのセッションを出版したい、ついては私と共著にしたいという申し出。週1回、欠席も予約の変更もなく、キチンと出席されたセッションを全部載せることは不可能で、カットしなければならない箇所が出てきます。臨床家と作家では、カット部分に意見の一致を見ることは困難だと思い、申し出をお断りして、彼女自身の責任において単著として出してもらったのです。『叫ぶ私』と題された本が1985年に出版されました。今もっておそらくクライエントがテープに録音したカウンセリング対話が本になっているのはそう多くないでしょう。

今回本書で森瑤子さんのケースを公開することにした理由は、没後30年にもなるとか、彼女の死後に母親も鬼籍に入ったとか（森さんのテーマの一つは母－娘問題でした）、クライエントがカムアウトしてしまっているとか、もう現役は退いたものの、私自身がこの機会にケースを振り返ってみたいなどです。

カウンセラーはクライエントに対して守秘義務を負っており、このようにケースをオープンにすることは職業倫理として禁じられています。彼女が私のことやカウンセリングについて多くの媒体に書いておられることは承知していましたが、それでも私はメディアの求めには慎重であり、彼女が亡くなった時にも、いくつかの新聞や雑誌から要請された追悼文をお断りしました。

『叫ぶ私』が文庫化された時には、解説を書きましたが。

カウンセリングを受ける契機になった小説は『夜ごとの揺り籠、舟、あるいは戦場』（講談社1983）と題され、カウンセリング場面がふんだんに出てくるため直しを頼まれましたが、まったく手を入れませんでした。他人の小説なのですから。

前置きが長くなりました。

お互いの対話は全部でないにしろ本のなかにあるし、私には録音テープがないので、クライエントとしての森さんがどのように私に映ったか、それを彼女がどう受け止め、理解したかに絞って要約したいと思います。

彼女はペンネームの森瑤子として現れ、森瑤子に終始しました。森瑤子と本名のブラッキン=伊藤雅代さんの関係がどうなっていたのかは不明のままでした。「自分の問題」の自分とは、森瑤子なのか伊藤雅代なのか、あるいはもうそれは区別がつかないのか。

森瑤子の母娘問題

要約すれば、大きなテーマは母娘問題です。長子である森さんは、母に愛されなかった、絶えずハイエナを追い払うような扱いを受けてきたという強い悲しみ、恨み、怒りの感情がありました。森さんの書き物や話に頻繁に出てくるハイエナという動物は、たしかに愛らしい動物ではありませんが（子どもはかわいい！）、追い払われる自分はハイエナのイメージなのですね。決してかわいくないという自己像があります。原風景は、どこかの海岸で、母に置き去りにされたという幼い時の記憶。そして母親に対するネガティブな感情に対しての深い罪悪感。これは三女との関係にも、アイヴァンという夫との関係にも、さまざまに影響を与えてきます。「愛を与えられていないから、愛することがわからない」とはご本人の言葉。これは箴言あるいは常套句のようなものではなく、実感だと思います。

さらにあまり話題に挙がりませんでしたが、父には、ヴァイオリンの練習を常に強要され、ある時練習を怠けたら、彼がヴァイオリンを壊してしまったといいます。激情的な父親だったのでしょうか。両親の関係性にはほとんど言及がありませんでした。長子としての期待は大きかったようですが、両親に十分に愛され、受容された経験を欠いているのは事実だったと思われます。もっとも愛情のような情緒を与え受け取るといったやりとりでは、絶えず二者の間に齟齬が生まれるものですが。

これは、第二の問題である彼女と末子の三女との関係に連結しています。娘はカウンセリング中、もう8歳ぐらいになっていましたが、夜尿症や夜驚症、夢遊病のような問題を起こし、母としての森さんはカウンセリング中、日赤病院の小児科に相談に行っています。そこで一日に一度でいいから、娘をしっかり抱きしめてあげて、といわれ、自分を叱咤激励しないとできないと嘆きます。これが既述の「愛を与えられていないから……」を実感だと書いた理由です。

子どもとの問題でカウンセリングに来る母親はけっこう多く、よくこのような助言を受けるようです。母親は子どもを無条件に愛する（べき）との大前提があるために、助言されたようにハグしながらも、子どもと自分の感情の隙間にさらに悩むことになります。子どもを好きになれないという強い罪悪感にも苦しみます。たしかに愛情表現のような情緒的言動は、その気が薄ければ、なかなか自分を嗾《けしか》けないとできないものですが、夫が「お前がダメだからだ」と非難する場合も多々あり、結果、絶えず母親のみが育児の責任を背負わなければならなくなってしまいます。

性的問題をめぐっては、相手に「与え切れていない」し、相手を「受け取り切れていない」という表現をしています。娘を「愛し切れていない」もよく似た感情のことでしょう。なかなかの洞察力というか表現力ではないでしょうか。ただ、「与え切れていない」を卑俗的に「出し惜しむ」「受け取り切れていない」を「ブレーキをかけている」とでも表現すれば、このような感情自体が何であったのかを私も彼女も追及しないままでした。今にして思えば聞いておけばよかった。

クライエントは、母親に愛されなかったから、自身を愛することを知らず、愛をわからない自分は娘を愛せないで傷つけている、また夫との関係でも喧嘩ばかりの日々だという自省です。このへんの原因と結果の因果関係は、一方ではいささか図式的というか典型的にも思われますが、私はこれを別の方向で考えてみることを提案していません。

とはいえ、クライエントとしての森さんは、人間的魅力のある優秀な女性でした。面談を著作にするとおっしゃった時点で、露悪的なまでの自己開示をそのままにしたわけなので、勇気があるという言葉しか考えられません。また、1時間何も話せず、すすり泣いていた場面も削除してありませんでした。自分に問い、自分で答えを出すというところが顕著でした。また特徴として、感情・意志・行為とか現象・象徴、合理性・非合理性を分節化して、適切な言葉で表現することが見事でした。欧米的とでもいうか。その意図があったかどうかは不明ですが、彼女の小説は、英文にしやすいと思ったものでした。

カウンセリングは、なるほど小説を書くのには役立ったでしょうが、ご本人にとってどうであったのかはよくわかりません。「世界中でたった一人私（森）をよく知ってくれている人」と私（河野）を評してくれましたが、これはカウンセリングが役に立ったかどうかとは別の事柄でしょう。穿った見方をすれば、夏休みあけにカウンセリングを中止したいという連絡をいただいた時は、もう小説は出来上がっていました。

私は、文庫本『叫ぶ私』の解説に次のように書いています。「……最後に森さん、と呼びかけてみよう。人が生きていくということは、と書けば、後はどのようにでも続けられます。人が生きていくこうこうだ、と。私は、人が生きていくということは『シジフォスの神話』のようだと、と言ってみたい。これではあまりに無益すぎるというなら、海辺の水際に砂の楼閣を築くようなものだと言ってもいい。波が来てすぐに洗い流されるのがわかっていてまた幻想のお城を築くようなものだ、と。空しいといえばそうです。無意味といえばその通り。でも人は生きているし、生きていける。なぜか？　波が来てすぐに壊されるのを見ないふりをし、知らないふりをするからです。そのふりができない（したくない）あなたの真摯さ（言い換えれば厄介さ）を大切にしてきたし、これからも大切にしていきたい、とだけ申し上げておきましょう」。

カウンセリング中止後、食事のお誘いが何度かあって、時間が合えば、お付き合いしてきました。絶えず著名人に囲まれており、もちろん個人的な話などするわけがなく、また私自身は著名人に対して特に興味もないので、あれは何だったのだろうと思います。ホスピスで、亡くなる1か月前に拝顔しましたが、この時がんに対する東洋医学の効果がちょっとはあったようでした。よくなれば、再度カウンセリングをキチンとしましょうよ、とお誘いしましたが、何もおっしゃらず、話題をそらされてしまいました。

実は森物語には後日譚があります。

後日譚『森瑤子の帽子』インタビュー

フリーランス・ライターの島﨑今日子さんが、森瑤子の軌跡を追った『森瑤子の帽子』（幻冬舎　2019）を出版し、私は島﨑さんのインタビューを受けました。そのなかで、森さんについて、「本質的に非常に虚しい人なんだと思います。その空虚さ、エンプティネスこそが彼女の苦しみの根源だと思う。そういう実存のギリギリを抱えていた」「空っぽだからいくら何かを入れてもダメなんですね。（略）決して否定的にいってるのではなく、人間のあり方として見事にあるのです。彼女は表現力があるから、書くということでその虚しさを表現したんでしょうね」といっています。森さんに直接このような印象を伝えたことはありません。厳しい言葉に聞こえるでしょうか。

この私の森評価について某紙の『森瑤子の帽子』書評子が、あんなことまでいわれて的な感想を書きました。私の言葉の部分を指していると思われます。私は、故高橋和巳のことを妻の高橋たか子さんが「自閉症の狂人」と評して、文学者仲間（小田実とか埴谷雄高など全員男性）に、いくら夫といえども酷い、とあるメディアで酷評されたことを思い起こしました。これに対して、たか子さんは、アーティストが「自閉症の狂人」といわれてどこが悪い？　光栄でこそあれ、誹謗したつもりはみじんもないと反論しました。お見事！

森さんが、ヴァイオリンを止めたのも、不満ばかりの夫と決して別れようともせず、露悪的に自己開示をしたのも、彼女からすれば、どうでもよかったのではないかと思われます。では、被り物でもあって（非常におしゃれで美装家）、ドンドン皮をむいていけば、森瑤子の実像が現れたのでしょうか。人の実存にその人の実像などがあるのでしょうか。森瑤子とは誰だったのでしょう。

強迫性障害、昌和さんのケース

イラストレーターである昌和さんが、「強迫症」で困っていて、ある人の紹介で、「フェミニストセラピィ〝なかま〟」を訪れたのは、１９８０年代の終わりの頃です。男性はお断りとうたっているわけではないので、幾人かは頼まれて面談してきました。精神科病院での勤務の体験から見ても、マッチョタイプの男性が精神的に困窮するという例は少なく、気弱で人のよい融通のきかないタイプが多いという印象を持っています。

昌和さんは、初回、まず自律神経失調症になり、それから心臓神経症になり、最近は強迫症が強くて苦しんでいると、大声でとうとうと述べました。「たくさんの規則を作って、自分を追い込んでしまいます。封筒のなかにものを入れたかどうか、この部屋の時計の角度がぴったりこないと不安になる、電話をかけるのに、受話器をとって、プッシュボタンを押す、その手順がうまくいかないと何度でもやり直す。今日も遅れるのではないか、と不安感で一杯でした」。

　こんな症状は、高校生の頃からあって、母親がそうだったから遺伝でしょう、と。母は「癇性病み」だから遺伝だと。癇性病みとは、何かにこだわりだせばきりがない状態だと思います。そんなにいろいろあったのに今回の来訪の直接の動機は、「数日前に映画の試写会に行ったら、会場が狭くて、大声を立てたくなったから」だと。急に、してはいけないことをしたくなる。部屋にある箱庭療法のための小物を見て、それをバーンと壊したくなるとか、みてくれは陽気で快活だが、いつも自分の非を見つけて自分を責めている、と。

　毎回、症状を元気よく大声で述べます。「テレビに顔が貼り付いた感じ」「コップに一杯の水を入れるのに、3〜4分かかる。その間にドラマがある」。ドラマとは彼らしい面白い表現です。「仕事の電話をかけられない。厚かましいと思われるのがキツイ」などと、とても非主張的な自己評価です。これを彼は美学と呼びます。症状と生きる姿勢は、関連するか、というカウンセラーの質問への答えは、「丸が二つあるとしますね。一つが一つのなかに入っているのかな。どっちがどっちかはわかりませんけど。父には憧れ（死んだら殉死しなければいけないと思っていた、と）、病気は母からもらいました。マザコンの代表の甘ちゃんと思っていますから。美学があり、憲法がありますから、先生」などと、無理にこじつけないとよくわからないし、自分一人でわかっているようなことを、たびたびいいました。質問に対して答えがズレることも。説明を聞けば、なるほどそういう回路での話か、と思うこともありました。

カウンセリング1年後の言葉。「自己犠牲がテーマで、でもその土台が自己愛では矛盾しますね」「人のためと自分のためのバランスが崩れ、エンジョイしたい、というのがグーッと出てきたから困る」。さらにその後の対話は次のようなものでした。

カウンセラー「美意識で自分を縛りますよね。そうなると苦しいじゃない？　だから解放したい。でも縛っているものを解いてもただちに自由な自分にはなれないことを無意識でわかっている。だから美意識を症状に変えて、解決するほうを探すのかしら。症状だと変えなきゃと思えるが、美意識だと生き方として持続してしまう？」

クライエント「なるほどねえ、そっちのほうが知的だ。プロですねえ。まるで正反対のことをいう人の心がこたえる」

昌和さんは、よく絵を話題にしました。ベン・シャーンが大好きだとのこと。彼の線に対する一家言は聞いていてとても興味深かったものです。若い頃、私の好きだったビュッフェの線についてつい論じたくなったものです……が、そういうわけにはいきません。また絵と症状と生き方はぴったり重なっているようでした。「こんな風に描けたらいいなあ、というイメージはあるのですが、口ではなかなかいえない。具体的ですから。少しずつ力がついてくるとより厳しくなっていくでしょう？　力がつくとものが見えますから。僕はもう素朴に絵が好き。ただ売るのが下手。個展はするが、売るほうに力が入りません。買ってくれないほうがいいって顔していますから」。

彼の症状は、高所恐怖、閉所恐怖や「頭の神経がヒューッと引っ張られる。頭のなかに手を突っ込んでかき回され、ヒャーッと飛び上がる感じ」。彼が憲法と呼ぶ強迫状態は、コップに水を入れることから、料理の際の洗いもの、ガス水道の元栓の開閉、戸締まり、口すすぎ、電話のかけ方等あらゆる暮らしのパターンにまで及びます。「もう憲法に振り回されるのは止めようといったでしょう。意識的に止めているので、意識的に止めているということを意識しているわけだから自然じゃない」と自己分析。

途中で、「ああ、どうも調子が悪い、胸が詰まるような感じ、こんがらがっているような感じ。イヤですね、なんか吹っ切れない感じ」と突然いい出し、終了時には少し落ち着くという風でした。面談中に地震があり、地震恐怖（常時身体が揺れている感覚があるそうです）の彼は立ち上がってオロオロするので、私はしばらく彼の手を握っていました。

関係性が少しずつ自由になっていく

この間クライエントとカウンセラーの関係は徐々に自由になっていきます。入ってくるなり、ずり落ちそうに椅子に掛け、「たまにはしんどい顔もしなければ、いつも元気、元気じゃアホみたいでしょう」と大きなため息をつき、「男のため息ですよ」と。

ある時「防衛しているように聞こえるが」というカウンセラーの反応に、パッと切り返し、「先生と生徒も葛藤ですね。でも何が起ころうとセラピィですよ（あなたのほうに分がありますよ、というニュアンス）」と攻撃的になったかと思えば、「う〜ん、そうか、それは考えなければ」と反応してくれたり。関係がより自由になった会話例。「（入ってくるなり）先生、セラピィしてあげましょうか」「そんな風に見えますか？」「ちょっといってみただけです（その後すぐ自分の話になっていく）」。

カウンセラーは、基本的に彼の大変さに沿い、そのような言葉を惜しみなく投げかけながら（本当にそう感じるから）、相手のふところの扉を静かにノックして反応をうかがうという感じでした。これだけの多彩な症状を抱えながら日常生活を継続していくのが、どれほど大変かは、想像の域を超えていると思います。「病気に疲れてくることがあって、これ3度目です。元に戻った感じ。でもここでいくら症状いうても手柄になりませんから……」。

ただ、24時間症状に縛られているわけではないとは思います。絵を描いている時、寝ている時、飲酒時（相当な量）、フィーリングが合わないと常に愚痴っている彼女と争っている時等々には、ふと症状から逃れられているのではないでしょうか。

最終段階

終了の話が出てくるのは、開始から2年7か月がたった頃でした。「先生がそうおっしゃったでしょう?」と自ら切り出しています。私がそういった記憶も記録もないのですが、とにかく2年ぐらいとか今年いっぱいとか、自分にいい聞かせるようなところのあった人でした。「たしかに楽にはなっているんだけれど、どこで見切りをつけたらいいか、そこが問題。症状はひととおりそろっていますけれど。ただ現実にはかなわないですよ。もうやっとられんですよ」。これまで現実と対決、葛藤してきた彼が、現実と折り合っていくようになったということでしょうか。

とはいえ、秋になって持病の喘息に悩まされ「憲法のほうが我慢している。憲法はことさら材料ではない」と。何度も同じ話を繰り返すことで（いい方や比喩は絶えず変化）、納得していこうとする様子が見られました。「アバウトになったほうがよい」「そうなってきつつある」「僕のなかに男の部分が出てきた。高倉健はもういい」「改善された領域はたくさんあって、自己嫌悪が少なくなった」「電車のなかで寝入ってしまうから昔のことが夢のよう」。このような言葉が聞かれるようになっていきます。

一方で、「気持ちがざわついて抽象的」「身体が揺れて吐くような感じ」もたまにありますが。「精神がすっきりしたな、と思います。物忘れが酷くなったから、生活にメリハリができました」

パートナーとの関係は彼女にいろいろいえるようになって、彼女は彼女、と思えるようになっています、と。

最後にカウンセラーが、3年半を振り返ってみませんかと誘ったら、「どうして憲法をやるようになったかを考えた」と話を始めました。内容的には経過であって、原因ではありませんでしたが、私はこれでいいと思いました。原因と結果は結び付かないものだと思っています。記号学者U・エーコのマゴ引きです。エーコは書きます。「原因と結果を理由付けるのは酷く困難だ。（略）原因と結果の終わりなき堂々巡りは、空に届くような塔を建てようとするほどに、ばかばかしい試みにおもえる」（B. Cade & W.H. O'Hanlon "A Brief Guide to Brief Therapy" W.W. Norton &

Co. 1993)。

「どっかがなんかなったから、こうなったんでしょう」と。「太い柱が一杯立っている感じ。先生に風通しをよくしてもらった。相手に任せるということを教えてくれたのは先生。大変でしたね、といってくれた言葉は一生忘れないと思う」。

3年半のカウンセリングでたどり着いたこと

今回こうやって彼を振り返ってみて、深い想いは二つあります。一つは昌和さんのジェンダー論的言動はなかなか興味深いものでした。まず漁師であった父はよく台所に立ち、母は料理下手という実家で育っています。またカウンセリング中、同居していたパートナーMさんにとっては、完全な主夫をしていました。Mさんは会社勤めで、昌和さんのほうに自由時間があったせいもあり、自分の思い通りにやりたいということもあったでしょう。

「僕は女々しいから、女の人と一緒にいて違和感がないんです。どっかで男になり切っていないですから。でも、これ気に入っているんですよ」「バーで働いていて寝るところがなく、ママと一部屋で半年暮らしていたけれど、何にも起きなかった。男を消せるから、誰も不安がらない」。Mさんとも、「たまにはセックスしないといけないと義務感でするが、彼女が恥ずかしがる」。

とはいえ、警察官に不審者と思われ、何度か職務尋問をされた、と。彼自身は、長い髪を後ろで束ね、絶えずサングラスを離さず、ネクタイに背広とは真逆のユニークで派手な格好をしています。それで男が消えている？

昌和さんは、父親がほとんど何もしゃべらない人で、父に憧れ「男は黙って……」的高倉健を理想にしていました。この当時（1990年前後）流行った木枯し紋次郎を例に、「何に対しても『あっしには関係ねえことでござんす』対応の男性イメージは、考えてみれば何とも非性的です」と1991年に書いた元の著作には私の揶揄的コメントが入っています。

昌和さんと私が3年半にわたって取り組んできたのは、「強迫性障害」という「病気」ではなく、彼がいかに彼らしくあるかという「自分探し」であったと思われます。彼のやさしさ、頑固さ、芸術家としての感性、たぐいまれな教養と知性、そして方言の混じった独特の比喩やユーモアをとても貴重なものと思ってきました。特に伝統的な男意識にとらわれないフェミニストぶり、制度としての結婚や子どもを持つことから自由でいる闊達さなどは、男性としては少数派に属するでしょう。

二つ目は、大声で「僕は、僕は」と話す昌和さんに疲れを感じることもあったことです。だからといって面談を止めたいと思ったことはありません。半分は仕事としての責任感、あとの半分は昌和さんという人の人間的な魅力のせいでもあります。けっこう疲れた顔も見せていたのでしょう。彼に「先生、疲れたのでしょう」とか「疲れた者同士ですね」とかよくいわれました。もっともこういう察知の半分ぐらいは、見当はずれでしたが。

私もたくさんのことを学びました。「強迫性障害」の人たちの根源的ともいえる不安は、カウンセラーの普段の感情生活のなかには求めがたいものです。これを本当に共感してあげられるのは不可能に近い。ただ彼の語りから大変だろうな、とこれに共感することは十分できます。しかし昌和さんのように長い期間、しかもあらゆる比喩を使って説明してもらう機会に浴すると、こういう感じかなあ、という把握に近づくような気分になります。それを言語化するのは不可能ですが、サリヴァンのいう「一緒の馴染みの感じ」（H・S・サリヴァン著　中井久夫他訳『精神医学の臨床研究』みすず書房　1983）でしょうか。特に昌和さんの表現が独特であり、またことの外楽しかったので、昌和語録を作りたいぐらいです。

カウンセリング・ルーム外での付き合い

森瑤子さんからお誘いがあったことは既述しました。昌和さんに「ここ以外では付き合わないのですか？」（もちろん終了後）と挑戦的に聞かれ、う〜ん、と逡巡していたら、「一杯やりましょうよ」とおっしゃるので、飲みに行きました。彼の外での対応は、よくいえば至れり尽くせり、悪くいえば、全部自分が仕切る。ここではハイ、右足から出して……とでもいうようよな。あれ？　自由になって人に任せられるといっていたのに……でしたが、いわれるままに従っていました。

もう一人だけ別の例を出しましょう。私と同じマンションに住む女性が来所しました。大所帯のマンションです。私は住まいのことは何も伝えませんでしたが、ある時、玄関付近でばったり出会いました。もちろん隠すことはないので、「あらま、そうですか」とお互いに。彼女は、あまり長くない面談期間の後、中止もしくは終了しました。しかし再度マンションでの出会いはなく、私が関西に引っ越しました。

その後しばらくたって、彼女から便りが来ました。たぶん元のオフィスに聞いたのでしょう。要は黙って引っ越すのはひどい、というお咎めの内容です。私は、もう面談はなかったし、いつまでもカウンセラーがくっついているようなのはおイヤだろうと思ったしウンヌン、と書き送りました。また手紙が来て、でも黙ってはひどい、と再度の非難。私を友人として考えていたとは思いませんが、何かあれば、すぐに駆け付けられると思っていたのかもしれません。

この方は、たとえばバスが遅れてくると（都心のバスの到着時刻などは、信じられないくらい合いません）、運転手に遅いとエンエンと文句をいい、運転手さんに、お客さん、とにかくなかに入ってくださぃ、発車できません、といわれたとか。「結局、バスはさらに遅れちゃったのですよ」と生真面目な表情で告げられた時には、思わずちょっと笑ってしまいました。主訴のなかに文句をいいすぎるというのもあったかもしれません。

これらはカウンセリング・ルーム外での出来事ですが、何を意味するのか、と思って書いています。フェミニストカウンセラーとして権威的でないように振る舞うことには、意識的でした。でもあまりにも友好的では、カウンセリングになりません。そうであったとは思えませんが、カウンセラーという社会的役割と自身を、絶えずぴったり一致させてはこなかったのかなと思います。クライエントは敏感ですから、その隙間を察知しておられたのでしょう。

終章

女たちは自分の人生を生き、語れるようになったか？

——今後の課題

フェミニストカウンセリング実践の功罪

日本にフェミニストカウンセリングを持ち込んだことにデメリットがあるとは思いませんが、フェミニストカウンセリング総ざらいのこの機に、客観的に考えてみたいと思いました。まずカウンセリング業界でのユニークな実践としての意義を確認したいと思います。

カウンセリング実践は、基本的に中立であるべきという考え方が、カウンセリング業界では一般的です。換言すれば、クライエントを「洗脳してはいけない」「方向づけてはならない」からです。クライエントが簡単に洗脳されるかどうか、またカウンセラーが方向づけたいと思うかどうかはおいて、私は、「中立」という立場がありうるとは思っていません。世論調査等で、「どちらともいえない」という項目があります。AともいえないしBともいえない。これは中立でしょうか。Aさんを好きでもないし嫌いでもない、は？ この例は、中立というより、わからないということではないでしょうか。わからないと中立は違います。

フェミニストカウンセリングの過程では、基本的に「生き方」に関わる事態に中立であるとはどのような立場なのか私にはわかりません。関わりという営為のなかで、カウンセラーの人間観や死生観を感得できなければ、クライエントは「誰」と関わっていることになるでしょうか。単なるカウンセラーという「役割」と関わっているわけではないでしょう。「症状」の苦しさを訴えるクライエントに、シンパシーを示すとすれば、それは中立も何もすぐれて人間的な感情の共有でしょう。「どうすればいいでしょうか」と解決案を聞かれて、仮にAと助言してクライエントが従ったとしましょう。その後、結果の是非を問うより、要は指示することの、状況に沿った是非であって、中立性とは関係ないと思います。

このようなカウンセリング業界に、私は思想的にも実践的にもはっきり中立ではない志向性を持った実践を持ち込みました。中立派の方から見れば、酷い実践として批判の対象になるかもしれませんが、カウンセリング業界に一石を投じたと考えています。特に、「女性」の生き方、生活全般を、フェミニストカウンセリングのように詳細に丁寧に寄り添い共に考えることは、これまでなかったことであり、この意味だけでも多くの一般的なカウンセラーにとって新鮮だったはずです。衝撃的と思ってほしいぐらいです。

フェミニストカウンセリングに出会ったことで、クライエント自身が「病気」がよくなるというより、まるで新しい自分に出会えたような体験を持つことができたという事例を既述しました。特に暴力問題におけるフェミニストカウンセリングの活動は、瞠目に値すると考えています。ワンストップ拠点作りに大いに貢献したのもフェミニストカウンセリングだと自負しています。

一方、日本における実践においてデメリットがあったでしょうか。これを機に客観的に考えてみました。しかし、あるとは思えません。クライエントに対して力が及ばなかった例はいくつもあるでしょうが、それは別の問題です。詳述したように、内部的な問題は多々あって、時代がこれだけ変化しているのですから、フェミニストカウンセリング実践上の諸問題を考察しなければならないことはいうまでもありません。それらを考えていきたいと思います。

女性カテゴリーを手放せるか

さて、ここまでフェミニズムを基軸に、またフェミニズムに依りながら、カウンセリング事情を書いてきました。しかし昨今、ポストフェミニズム時代といわれています。ポストフェミニズムに関しては、諸説あり、私がそれを詳述することはできませんが、単純に第一波、第二波のフェミニズムは終わった、なぜなら女性として固有の集団的アイデンティティは、利用可能な概念ではなくなった、という理由によると考えられます。

たしかに女性を一つのカテゴリーとして括り、女性への差別問題を包括的に主張することは、難しくなってきています。差別の個々の事案はほぼ各論として考えられるようになっているといえるでしょう。しかし「各論」は孤立しているのではなくて、フェミニズムの大きな枠内に存在すると思います。

では今後のフェミニストカウンセリングは、「女性」というカテゴリーを手放せるのでしょうか。結論として私はポストフェミニズム時代だとは思っていませんし、女性カテゴリーを手放すこともできないと思っています。

そのような現状を下敷きに、今後のフェミニストカウンセリングの問題点について考えるつもりですが、フェミニストカウンセリングに十余年の空白があるにもかかわらず、それ全体を振り返るということは、少なからず乱暴であることをお認めいただかなければなりません。

やや弁明からのスタートになりましたが、まず、これまでの日本におけるフェミニストカウンセリングが、現在若干弱体化しつつも、活動を持続してきたことは、既述の通りです。女性の貧困が深刻化するなかで、なかなか金銭的な余裕がないといわれる現在、一時期のバックラッシュにもめげず、よくやってきたことを確認しておきたいと思います。

女性カテゴリーとトランス女性

前節で、フェミニストカウンセリングは、女性というカテゴリーを手放せるかと問いました。「手放せない」が、私個人の答えでした。ではトランス女性はどうでしょうか。彼女たちは女性のなかに含まれるのでしょうか。

米国のみならず、一部のトランス女性から見れば、シスジェンダー（身体的に女性であることの自認）は、それ自体がすでに特権的でかつ抑圧的だということになるようです。

そこでさらにこの問題を考えてみましょう。トランスジェンダーという言葉はなかったものの、人々はいました。かつては「性同一性障害」といわれていました。フェミニストカウンセラー仲間の一人がまだ子どもの頃、「男女《おとこおんな》」といわれ、近所の物笑いになっていた人がいたとか。つまりはセクシュアリティやジェンダーの多様性は、急に出現したわけではありませんし、さらに存在する者を存在しないということはできません。

仮にフェミニストカウンセラーのなかにマイノリティ・アイデンティティを持つ方がいるとしても（現実にいます）、教育訓練等を受けて、フェミニストカウンセリングを実践したいという限り、それ自体は問題になりません。クライエントの側も（男性同性愛者を除いて）同様でしょう。つまり私見ではトランス女性は女性のなかに入ります。トランス女性を含めて、フェミニストカウンセリングを主張する時に「女性」というカテゴリーを手放すことはできません。女性も多様だとはいえてもまだ女性というカテゴリーを手放していないのです。

トランス女性を女性に含めるかどうかについて考える時に、女子大学でトランス女性の受験を認めるかどうかが、わかりやすい基準となっています。性暴力の体験がある女性は、男性を怖がり女子大に行きたい、という状況があります。もしトランス女性の受験を認めるならトイレをどうするかといった具体的問題を含めた議論があり、受け入れを決めたのは、２０１８年のお茶の水女子大学が最初です。以降、奈良女子大学、私学では日本女子大学、宮城学院女子大学と続きました。現在でも津田塾大学等、検討中の女子大学はたくさんあるようです。お茶の水女子大学で２０１８年の発表以降、受験生がいたのかどうかは、プライヴァシーの問題でしょうか、明らかにされていません。

２０１９年には、ＷＡＮ（ウィメンズアクションネットワーク）サイトに「トランス女性に対する差別と排除とに反対するフェミニストおよびジェンダー／セクシュアリティ研究者の声明」が掲載された時、思いがけず多くの賛同があって、「研究者」をはずしたといいます(https://wan.or.jp/article/show/8351#gsc.tab=0)。

２０２０年の「日本学術会議」における「特例法を廃止し、性別記載変更法の制定を」の提言も興味深いものがあります。①性同一性障害者特例法の廃止——性別変更手術や、何度ものカウンセリングが必要とされるこの法は、トランスジェンダーにとっては、ハードルが高い。②ＳＯＧＩＥＳＣ《ソジエスク》に基づく差別禁止を定めた根拠法の制定——ＳＯＧＩＥＳＣとは性的指向(Sexual Orientation)・性自認（Gender Identity)・性表現（Gender Expression)・性的特徴（Sex Characteristics)をいう。③性的マイノリティだけでなく、包括的差別禁止法の制定、です。

また、ヤフーニュースの「トランスジェンダー排除への対応『共に手を取り合うために』立場を超えて18名が議論」では、ほぼトランスジェンダー包摂的立場で語られており、特に5女子大の関係者が述べているのは、トランス女子学生の受験容認開始前の話し合いや保護者への説明会、学内の学生への説明にもたいして動揺などなかったこと、などが述べられています（https://news.yahoo.co.jp/byline/matsuokasoshi/20220525-00297684）。

私をさらにトランスジェンダー肯定に導いた著作があります。ショーン・フェイ著　高井ゆと里訳『トランスジェンダー問題―議論は正義のために』（明石書店　2022／Shon Faye "The Transgender Issue : An Argument for Justice" Penguin Books 2021）です。

ごく簡単に要約しましょう。一つは、トランス女性として生きてきたなかで行われた、酷い差別の数々です。いきなりイギリスの学校で女性になったことを公表した教師が、大きな騒動のなかで自死に追い込まれた事実が出てきます。トランス殺人が行われたことはさらなる事例として挙がっていますし、別書（June Eric-Udorie Ed. "Can We All Be Feminists?" Penguin Books 2018）でも知らされていました。わが国でも自死とか自死に追い込まれそうになったケースが散見されています。

また、当該書の「正しい身体、間違った身体」も説得力があります。正しい身体なるものがあるのでしょうか。事故や病気で身体の一部を失った人たちはたくさんいます。生まれながらにして『五体不満足』で知られた男性もいます。本書では、性器の手術、ホルモン療法等の、「治療」が性同一性障害のような「障害」に理由付けられていることが明らかにされます。

最終章は、トランスジェンダーに反対してきたフェミニズム、フェミニストに向けられており、私は気がつきませんでしたが、反対論が、「保守的」右派の流れに同一化しかねないという指摘(解説:清水晶子)にはなるほどと思いました。

私なりの主眼を拾えば、一つ、性別二元論は意味をなしていない――「セックスとジェンダーの二元論的なモデルを維持し、保存し強めている限り、男性から女性への全世界的な支配を打破することなど決してできない」、二つ、植民地主義への批判――「男性の女性に対する優位という、そうしたヒエラルキーを伴う男女の厳格なジェンダー二元論の押しつけは、それ自体が植民地主義のメカニズムだった」、三つ、家父長制について――「フェミニズムの闘争が、まずもってシス男性による抑圧と闘うシス女性によってのものであるとみなされる限り抹消されるほかない。トランスたちはフェミニズムを必要としている。それだけではなくフェミニズムもまたトランスたちを必要としている」です。

結論として、私個人は、女性の多様な性のあり方として、戸籍も身体的条件も問わず性自認のみで、トランス女性を女性に含めることに賛成です。まだまだ女性への差別が残るなか、トランス問題とかダイバーシティ問題以前に、女性への差別の問題のほうを手放してはならない、という主張があることはわかっており、これを棚上げに、といっているわけではありません。しかし、女性への差別問題は単純にそれだけを訴えても、特にわが国においては、これまでのように遅々として進みません。広く社会、歴史を見渡して、社会全体に激震を与えるような大きい変化が必要であると、米国の例で少し既述してきました。「トランスジェンダーは、フェミニズムを豊かにする」でしょう。

また、トイレや風呂問題をここでは扱いません。これらがあまりにも主題になりすぎていて論議のためにする論議のように思われるからです。ただフェミニストカウンセラーとしては、性暴力やDVの被害者が男性を恐れる気持ちには配慮をしなければなりません。シス女性でも女性のこうした問題に無関心、鈍感な人たちはたくさんいますから、トランス女性たちに期待できないなどというつもりはありません。日本フェミニストカウンセリング学会はジェンダー問題について討議し、いつか学会の立ち位置を伝えなければならないのではないでしょうか。

再度いいましょう。私は、フェミニストカウンセリングの基盤として、トランス女性も含め「女性」というカテゴリーをまだ手放せないと思います。大きな理由は、差別的構造のなかでクライエントが女性として受けている精神的困難を取り扱うからです。#MeToo 運動は、最重要なイシューであるものの、シングル・イシューです。フェミニズムは家父長的な女性差別構造が、女性のさまざまな生きづらさの背景にあることを唱えてきたのであり、「女性であるがための問題」を持たない人など皆無でした。仮にクライエントがフェミニストカウンセリングを十分承知せずに来所したとしても。

女性カテゴリーを「前もってのアイデンティティ」として立てることになりますが、そうなると「女性」を本質化し普遍化するという陥穽に陥ることになるかもしれません。永久不変の固定したカテゴリーとして想定できず、また将来の姿は予測不可能だとしても、現在はまだ手放せないカテゴリーであると思います。フェミニストカウンセリングを代理する時には、常に「とりあえず今は」という「留保」を置いたほうがよいかもしれません。

前進と停滞が入り混じる女性の現状

さて、もう少し具体的状況において、述べていきましょう。

フェミニズムの主題は、「個人的なことは政治的なことである」です。既述したように、女性を取り巻く社会状況が変化していることは認めましょう。女性に対する性暴力に、被害女性が声をあげはじめましたし、さまざまな組織に、もっと女性を入れなければ、といった訴えにも、かつてのような奇異の目で見られることは、表面上少なくなっていると思われます。何にもまして、良妻賢母のイメージは女子教育の目標にはならなくなっています。自身の子ども4

人を全員東大に入学させたことで有名になった「賢母」が、それでもって、方々の講演に招かれたり、書き手になったりしてキャリア女性として頭角を現している事実は、なかなか興味深いことです。

「賢母」を守りその名声は欲しいままにして、それを足場にしてたちまちキャリア女性になったわけですから。

パートとしても女性も働くことが当たり前になっているのは、男性が家族内の唯一の稼ぎ手では家庭生活が成り立たない日本の経済状態のせいでもありますが、性別役割分担規範が以前に比べて緩くなり、パートで得た賃金は自分が楽しむために使おうという傾向が、中高年の女性に見られます。もっとも、130万円までの社会保険上の被扶養者控除のために、正社員を選ばずパートであり続ける女性がいますが。

一方で、何も変わってないように見える現状もあります。最初に日本のジェンダー・ギャップ指数を挙げましょう。順位として146か国中116位（世界経済フォーラム「The Global Gender Gap Report 2022」）という「先進国」としては無残な状況です。

第一に女性に対する暴力は、さっぱり止みませんし、特に小・中・高等学校における教員のハラスメントは次第に顕在化し、申告件数は増加しています。また古い世代の男性がふともらした言葉に、性差別が指摘されれば、看過されなくなってきました。指摘されて「そんなつもりではない」とたいてい弁明しますが、本音はポロリ、と出た言葉のほうでしょう。バックラッシュ以降二十余年がたち、風向きが変わってきているといえるでしょうか。

顕在化するようなバックラッシュは、かつてのように可視的ではありませんが、世界的な政治の保守化とともにジェンダー問題が置き去りにされる傾向は一部で強まってさえいます。最近の米国における、連邦最高裁の「人工中絶禁止」判決（2022年）がその例です。わが国でも、女性の地位が上がったといわれながら、たとえば選択的夫婦別姓制度を認める民法改正案を保守政権は出し渋っています。選択を主張しているのにもかかわらず。そして現実に目下政治不信がこれだけいわれながら、野党の非力化があるとはいえ保守政権は一応安泰に見えます。

政治の世界における女性のさらなる参画を求めるパリテ（フランスにおける政治政党に、男女半々の候補者の擁立を指示した2000年の法律）やクオータ制（政治分野において議会における男女間格差の是正のため、性別を基準に女性または両性の比率を割り当てる制度）を主張する人に基本的には同意したいし、政治、企業、教育界等で、女性がトップの地位に就くことを私も支持したいと思います。

しかし問題もあります。女性であれば誰でもいいというわけではないという問題。女性国会議員で、同性愛者には生産性がないとか、「慰安婦」の研究を反日的と批判するような人では困ります。このような国会議員の一人が2022年8月の内閣改造で、総務大臣政務官になりました。彼女のほうがより性差別主義者のように思われます。

では、どのような女性ならいいのかについて、パリテやクオータ制を唱える運動家は、選択的夫婦別氏制度とかセクシュアル・リプロダクティブ・ヘルス/ライツを推進する政治家たちとの協働に言及しています。障がい者、高齢者など「弱者」といわれる人たちへの目配り、今後ますます増えるであろう「外国人の働き手」、難民への対応等に十分な配慮の必要性を認識し、制度や具体的援助の設定を考慮できる人をフェミニストとしての私は望みます。またこのような女性にフェミニストカウンセリングの手を差し伸べたいと思います。

女性というカテゴリーを手放せないさらなる理由の一つは、女性に対する暴力がより顕在化しているように見えることとです。世界中を見渡しても、昨今のロシアのウクライナ侵攻時のロシア兵のレイプやハラスメントが報じられています。紛争のあるところに女性への暴力がない場合があるでしょうか。

もう一つは、男女共にあるミソジニー(女性嫌悪)です。文字通り女性が嫌いということです。おそらく男性は自らがミソジニストであることを自覚していないでしょう。性別役割分担に忠実、従順な女性は認めるし、そういう女性がいなければ家庭が築けないことも認めるでしょうが、対等な一人の人としての女性を認識しているとは思えません。ミソジニーに関しては上野千鶴子著『女ぎらい——ニッポンのミソジニー』(朝日文庫　2018)があるので、詳細はそちらにゆずりたいと思います。

既述の、フランス革命のスローガン「Liberté（自由）・Égalité（平等）・Fraternité（博愛）」の最後の言葉は男性同士の友情を意味します。「ホモソーシャル（男性同士の絆）」として喝破したのは、イヴ・K・セジウィック著　上原早苗・亀澤美由紀訳『男同士の絆―イギリス文学とホモソーシャルな欲望』（名古屋大学出版会　2001）です。ホモソーシャルとは女性および同性愛を排除することによって成立する、男性間の緊密な結び付きや関係性を意味します。よく見渡せば、トップ集団の大多数が男性の組織は、ミソジニストの、ホモソーシャルで結び付いた集団と見えるのは私だけでしょうか。

フェミニスト仲間に十分認められなかった理由

フェミニストカウンセリングが、フェミニスト仲間からあまり認められてこなかったというのは、私の個人的な感想です。興味を示してくれるとか、重要視してくれる仲間はいますが、散見される程度と思われます。たとえばたくさん編集されてきたフェミニズム全集、コレクション、全集叢書のような著作には、身体、労働、家族等のテーマはあっても、フェミニストカウンセリングについては書く機会を与えられませんでした。フェミニストカウンセリングはフェミニズムと切っても切り離せないはずなのに、編者が私たちをフェミニズムの一部、仲間と考えてこなかった、ということでしょうか。恨み節を述べたいのではありません。これは私たちにとって考察すべき問題だと思います。

考えてみれば大きな理由の一つに、フェミニストカウンセリングが、他のメディアや学会誌に発信しないことが挙げられるでしょう。臨床現場は、実践をなかなか理論化しにくい事情があります。なぜなら、フェミニズムのスローガンは「個人的なことは政治的なことである」が基本であり背景です。これをもって事例を参照すれば、人の多様な情緒生活を、すべてこの主題のもとに、分類、理解するには困難があるともいえます。フェミニストカウンセリングを否定するのではなく、時に困難が伴うということです。

さらに、ケースという臨床と切り離せない情報が内部に留まっていることがあります。既述のように、倫理的に情報は秘匿されます。私自身は、ケースについての著作が数冊ありますが、その都度クライエントの許可を得てきました。場合によっては、絶対にご本人とはわからないように多修正する場合とか、刷り上がった初校をお見せするとか、です。ある時期（『わたしって共依存?』日本放送協会出版局　2006を刊行）以降、もうケースは書かないと決めました。「役に立つ」なら、そのご本人にとってのみでいいのではないか、と思ったからです。

第二の理由は、第二波フェミニズム当初におけるCRのように差別的社会構造において「個人の心理作用＝感情生活」の変容を重要視しつつも、一方で差別的状況を訴えていくには、数値で可視化するわかりやすさが求められたことです。フェミニストカウンセリングは初めからCRの重要性を強調してきました。CRを実践してきたたくさんのグループがあることはわかっていますが、声高に運動のなかに位置づけられていたでしょうか。CRですら、フェミニストカウンセリングが始めたこととして考え受け止められていなかったと思います。フェミニストカウンセリングの活動とCRの実践は十分に連結していなかったといえるでしょう。

日本において、ある時期以降フェミニズムを牽引してきた研究者（に限れば）には社会学者が多かったと思います。多くの研究者は多様な社会的領域を網羅していたものの、心理学そのものには関心が薄いようでした。フェミニズムの視点を持つ発達心理学研究者も残念ながらフェミニズム全体に多大な影響を与えてこなかったように思われます。

制度化の功罪と専門家集団としてのアイデンティティ

日本フェミニストカウンセリング学会内には、学会認定の日本フェミニストカウンセラー協会が別途にグループ化されていて、教育訓練に関わっています。入会が誰にとっても自由であり、カウンセラーも非カウンセラーも含めた会員が、これまで、専門家であるかないか、国家資格化が必要か、その制度化が必要か、心理学教育を受けているかいないか等に拘ってきました。また外部の資格取得（特に臨床心理学会認定の臨床心理士など）を無視してきました。資格が権力に結び付くことを懸念してきたからです。しかし専門家であることが自動的に権力や権威に結ぶ付くわけではありません。

私はまず日本フェミニストカウンセラー協会のなかで専門家（集団）としてのアイデンティティを定義すればいいと思っていることを明確に示唆しましょう。どのように専門家集団を定義するかはこれからの議論です。フェミニストカウンセリングが始まって四十余年、「個人的なことは政治的なこと」や暴力被害者への呼びかけ「あなたが悪くない」は仲間にとっては周知徹底されているはずです。それ以上のよりよいフェミニストカウンセラーの定義が必要です。私はかつてメディアに何度も聞かれて困り、長い説明をしてきました。「フェミニストカウンセラーって誰のこと？」あるいは「何をするんですか？」「他のカウンセリングとどう違うのですか？」といった問いに答えられるような条件の検討です。

フェミニストカウンセラーの資格については、すでに十分に蓄積された知見もあることでしょう。改めてフェミニストカウンセリングの専門家とは誰のことかの議論が求められている時期ではないかと思います。議論の過程を含めて、学会内全員に開示し、日本フェミニストカウンセラー協会員と会員の循環をはかる。クライエントとともに歩めるフェミニストカウンセリングの道を照らす言葉を、探してみようではありませんか。

さらにいえば、国家資格化された公認心理師などの心理業務に、挑戦してみようではありませんか。制度化されることへの反発がフェミニストカウンセリングの底流にあったことは承知してきましたが、非制度化ではなくよりよい制度化へと向かいましょう。よりよい制度化とは、現制度の否定ではなくクライエントとカウンセラーのためのよりよい制度にしていくという意味です。そのために資格をとって入会した心理臨床学会開催時(全国大会等)において、分科会やワークショップでフェミニストカウンセリングの主張を展開できるでしょう。事例を出しにくい事情は変わりませんが、フェミニストカウンセリングの知見をどのレベルで、どのように発信していけるかを考えられると思います。

これまで制度化に安易に同調せず、フェミニストカウンセリングは「孤高」を保ちながらも、その使命をすでに十分果たしてきたと思います。ここではっきり、よりよい制度化を進める側に立ちたいと思います。

フェミニストカウンセリング・ルームの存在意義

フェミニストカウンセリング実践功罪の節で述べましたが、狭い意味では、個人の心理的問題への援助というタスクを担い、広い意味では、社会的な性差別を解決したいという範囲までを含む活動が、私的経営体である小さなフェミニストカウンセリング・ルームから提起されてきたことには、重要な意義があります。どこからの経済的援助も受けず、誰の指揮下にも属さず、フェミニズムを掲げてやがて半世紀になろうとしています。個別のルームにはその栄枯盛衰があり、残念ながら私はその一つひとつを詳述できません。

本節にわざわざフェミニストカウンセリング・ルームの存在意義を置いたのは、私の思想的立ち位置は、「小さな物語」「個人」から始めるということだからです。「大きな物語」は、概して男性主導の、権力をめぐる闘争であって、既述したように歴史的に失敗していて、この立ち位置は、女性の「個」や「弱者」を大事にすることに向かわないからです。

フェミニストカウンセラーは、自分の属するカウンセリング・ルームにおいて、国家資格にも挑戦し、その制度をよりよく変えていく努力をしながら、自らの立ち位置はカウンセリング・ルームにあることをしっかり認識し、大事にしてもらいたいと切望します。

新しいジェンダー分析の必要

フェミニストカウンセリングには絶えずジェンダー分析が必要とされてきました。ジェンダー分析とは、女性に対するジェンダー規範が社会的に構築されていて、女性の心理的困窮はその構造に関わるという視点です。

状況が変化したとかしていないとかは、その人の視点およびその先の指定された領域によって違います。極端にいって、もし暴力被害の事例ばかりを探し歩けば、その人にとって現実は暴力で溢れているように見えるかもしれません。あるいは女性に対する暴力に目が届かなければ、暴力はないか、あっても重要なことではない、という見方になるかもしれません。

一般的なカウンセラーは、現実という前提、すなわち常識ないしは同調圧力のような状況をあまりにも単純に受容しているように私には思われます。このように流動的な社会において、女性の置かれている状況は、どうすればよりよく見えてくるでしょうか。まずよく目をこらさないと見えてきません。なぜなら「女のこと」は、今もって二等市民的現実であり、よく見えるようになっていません。昨今はその傾向がさらにひどくなってきていると思われます。クライエントから訴えられる問題から見えてくる女性の状況は、私にとってまだまだ差別のない社会へと十分に変容しているとは思えません。

今回これにインターセクショナリティ(交差性)を重ねましょう。米国で最近言挙げされているインターセクショナリティとは、人種、性別、階級、性的指向、性自認など個人のなかの複数のアイデンティティが組み合わさることによって起こる、可視化できていないさまざまな差別の現状に目を向けること、そしてマイノリティのなかでもさらに焦点の当たりづらい差別を受けている当事者を可視化するために使われる概念です。

わが国では、先に挙げたカテゴリーが米国ほど明確ではありませんが、一人の女性において複数のマイノリティ・アイデンティティを持つクライエントはいます。たとえば、レズビアンで、障がい者で、被差別部落出身者、あるいは在日外国人等。これまでもこのようなマイノリティ・アイデンティティを持つクライエントがいなかったわけではないし、無視してきたわけでもありません。しかし今後、アイデンティティはさらに複雑になっていくでしょうし、当然それに沿ったクライエントへの理解が促されるべきです。単純に女性というだけでなく、複数の被差別状態に敏感であるべき事態になってきたことを理解する必要があると思います。

カテゴリー化されることの是非はありますが、これは別次元での論議になるのでここでは深い議論は避けて、次のことのみにしたいと思います。私は是（女性というカテゴリーは手放せない）も非もあるという立場ですが、しかし絶え間なくカテゴリーが作り出されることには、懸念があります。一つのカテゴリーが生み出され（顕在化し）、機能するためには別のカテゴリーが必要になります。その結果、カテゴリー間の優劣や力関係も必然的に派生してくるでしょう。米国の現状において、マイノリティ・グループが声をあげているのは、そのような現象を表しています。

むしろ既存のカテゴリーの谷間からの声、どのようなカテゴリーからも排除されている声、あるいは谷間に落ちたままの声を拾うことが重要だと思います。

とはいえその個人がカテゴリーの谷間にいるとか、カテゴリーから排除されているという問題のみではありません。実はすべての人は、カテゴリーの谷間（個々に違った形ではありますが）を抱えているのです。カテゴリーはその位置性というより、聖書の時代から男女とカテゴライズされてきた歴史性なのではないでしょうか。

この意味で、クライエントを複合的に理解する、さらに新しい局面に入ったというべきです。

女性のケア役割を見直す

近代国家において社会は、公的領域と私的領域に分割され、前者に男性が、後者に女性が振り分けられてきました。特に私的領域で特筆されてきたのがケア役割です。子ども、高齢者、障がい者、また病者等に対してです。たとえば高齢者のケア。私が同居していた父方の祖母は、高校3年生の時に亡くなりましたが、晩年は認知症を患い、まだ家庭用電気製品のない頃、家族全員が母を手伝って、私たち子どももとても大変でした。

これまであまりにも当たり前のこととして女性に任されてきたことですが、家族役割の変化で、そのような期待がもう立ちゆかなくなったために、介護保険が作られたことは述べるまでもありません。

ケア・フェミニズムはこのような分割に異議を唱え、特に「弱者」とされた集団へ入っていかざるをえないことは、誰一人として避けることのできない人生の一過程であるとしました。乳幼児は生まれた瞬間から、高齢者は死にゆく過程で、誰かのケアがなければ無力です。まったく病気にかからない人などいないし、突然、障がい者になることもありえます。他人事ではなく自分事として、ケア役割への理解と共感を改めて主張したいと思います。フェミニストカウンセリングは、このケア役割をずっと担ってきたということも。

社会的なダイナミズムを起こす

社会的に変化を起こすためには揺り動かしが必要だと思います。それはどうすれば起きるでしょうか。小さなことや、個から始める必要性を書きました。

たとえば米国における男女平等が、わが国より進んでいるとして（いまだに同一労働同一賃金が100％達成されているわけではありませんが）、その理由の一つが米国社会のダイナミズム作動のせいではないか、と書きました。エスニック・マイノリティやジェンダー／セクシュアリティ・マイノリティが声をあげ、平等な立場や権利を主張することで、社会は平静を装っているわけにはいかなくなり、動き出します。その動揺した間隙をぬって新しい価値観が入り込みます。価値観は、主張によって違いとしての紛争になりますが、これ自体は一枚岩でない社会のダイナミズムを作動させるに違いありません。この亀裂というか隙間に新しい考えや実践が入り込む。米国社会のあるレベルの変容はこのようなダイナミズムによって起きているのではないかと私は考えています。

翻ってわが国は、あまりにも平穏というか波風立たずという風潮です。もちろん世界的なコロナ禍や自然災害に苦しむ地域もあって、何が平穏かといわれそうです。しかしこの地層を一枚めくれば、見えない同調圧力とか、言葉を断定しないで「かな」でやわらかさを表現するとか、間違った過剰な敬語の使用とか、官僚的な事なかれ主義など、挙げはじめればきりがありません。お互いを過剰に褒め合い、支え合い、自他未分化のヌルマ湯にいる気分です。少しでいいから政治を変え、男女平等の政策を施行してもらいたいものです。フェミニズムとフェミニストカウンセリングの活動により変化を期待したいと思います。

若い世代との繋がり

フェミニストカウンセリングにとって大事なイシューです。しかし若い女性はお金がないので、お金を払ってカウンセリングに行くことは彼女たちには考えられません。では私たちはどうすればよかったのでしょうか。ルームのなかに安い料金で別枠を作るということは、なかなか困難でしょう。相談を受けている男女共同参画センターは、公共機関で無料ですから、若者の救済のために、その必要性を丁寧な企画書にして、諮ることはできるでしょう。しかしこれもなかなか可能であるとは思えません。平日の日中の決められた時間に彼女たちが相談に現れることは期待できないからです。

若い女性たちがフラワーデモのようにフェミニズムの潮流を巻き起こしていますが、かつてのフェミニズム運動とは連続しておらず、世代の繋がりが希薄なように感じます。フェミニストカウンセリングは若者に対して目下無策というしかありません。

終活として人生の「語り」を

日本フェミニストカウンセリング学会内のフェミニストカウンセラー協会ではツイッターのアカウントを持っているようですが、広範囲に拡散しているとはいえないようです。コロナ禍のもと、面談とか会議、講座に、オンラインの利用が拡大されました。

私はデジタル弱者なので、これについては私見を展開することはできません。若い女性たちの問題領域では、SNSが最大に利用されていると聞いています。しかし、カウンセリングは、なんとしても対面、直接対話が基本です。関わりの現実は、相対する機会がないと実感できないのみならず、そのような現場を通じてのみ、腑に落ちることがあるのです。

同時に一方ではパソコン、タブレット、スマホ等デジタル機器を使えないような高齢者もいます。そういう人たち、つまりデジタル機器は使えないし、来所もかなわないといった人たちにどう接触するか、は考えなければならないでしょう。たとえば「高齢社会をよくする女性の会」の全国集会に、1回だけの面談時間を設けてもらうなどを通じて、フェミニストカウンセリングを知ってもらうのもいいと思われます。

これまで高齢者には、あまりフェミニストカウンセリングの戸を叩いてもらえていませんが、終活では、遺産や墓を残すことなどより、まだ力の残っているうちに、カウンセラーに導かれて、ゆっくり人生を振り返る試みを行うほうが素晴らしい、と私は思います。これからのフェミニストカウンセリングのさらなる活動と、その重要性を信じています。

「フェミニストカウンセリングは何をしたか？　何をできなかったか？」

対談

河野貴代美×上野千鶴子

社会学者・東京大学名誉教授・
認定NPO法人ウィメンズアクションネットワークWAN理事長

80年代前半、主婦向けの講座が広がった

上野千鶴子（以下、上野）　河野さんとは40年来のお付き合いですが、この人なしには日本のフェミニストカウンセリングはなかった、改めてすごいことだと本書を読んで思いました。その一方で、フェミニストカウンセリングが今日まで続いているにもかかわらず、民間カウンセリングが増えなかった。その理由について考えていきたいと思います。順を追って聞いていきましょう。河野さんが日本を出たのは何年ですか。

河野貴代美（以下、河野）　1968年です。

上野　では、リブも学生運動もよくご存知なかったわけですね。

河野　そうですね。渡米してからは、アメリカ人の夫を連れて一度戻ってきたのみで、ほとん

ど帰国しませんでした。

上野　1ドル360円の時代ですから、飛行機代が高くてそんなにしょっちゅう往復できませんね。

河野　ハイ。「お金を送って」というのにも電話代がかかるので、すごい早口で言う。そんな時代です。

上野　国際電話代もめちゃくちゃ高かったです。私は68年頃は京大でヘルメットをかぶっていました。

河野　田中美津さんたちのウーマンズ・リブが70年の10月でしたでしょうか。

上野　リブは70年代前半です。70年代後半には4つの女性学の研究団体が立て続けにできました。私はそのうちの京都の日本女性学研究会に関わっていました。何年に帰ってこられたんでしたっけ。

河野　78年から日本とアメリカを行ったり来たりで、80年に。

上野　80年に帰ってきて、各地で講座を始めたのが80年代前半。

河野　この本のタイトルになっている80年の2月が開業です。初めは、来所いただいてお金をいただかないと進まないので面接に主眼を置いて、講座を始めたのはその数年後です。

上野　河野さんが帰国する前後のことを話すと、70年代後半から80年代にかけて、各地の公民館や生涯学習センターなど社会教育の場で女性学講座がワーッと広がりました。その頃はまだ女性センターはありませんでした。各地の草の根の女性運動の中から、「女性センターを作れ」というムーブメントが起きはじめた頃です。

著者

河野　当時は「婦人会館」と呼んでいましたね。75年に、国連が第1回世界女性会議を開催したことを機に、日本に国立婦人教育会館（NWEC＝ヌエック、現・国立女性教育会館）ができた。

上野　それ以前、65年に、国立市公民館が日本初の託児付き講座を始めました。その前例があったから女性センターは託児室を作ることがデフォルトになりました。80年代になると、ちょうど税収バブルで自治体に勢いがあり、箱物行政で公共施設が次々にできました。要は地元の土建屋に金をばらまくしくみですが、その中で女性センター建設ブームも起きました。そういう流れの中で、いろいろな講座のカリキュラムが組まれ、座学形式が多い中で、ワークショップ型のフェミニストカウンセリングはものすごく魅力的でしたね。そういう情報って担当者の間にワーッと燎原《りょうげん》の火のごとく広がるから、河野貴代美さんは講師として引っ張りだこでしたよね。いろいろな自治体から呼ばれたでしょう。

河野　うん、全国行きましたね。

上野　めちゃくちゃ忙しかったでしょう。ギャラは安かったですか。

河野　最低限、交通費はいただきましたね（笑）。でも講師料としてはそれほどでは。受講者はみんな女性。お金を持っていませんからそんなに参加料はいただけませんでした。

上野　公的機関がバックについて無料や格安の参加料の講座が広がりました。初期の受講生はカウンセリングでプロフェッショナルになるという考えは全くなかったでしょうから、参加者は、自分の悩みを解決するためのツールやスキルがあるなら学びたいという、自分探し系の人たち。そんな参加者が大量に集まりましたね。ワークショップ型で連続講座型のカリキュラムを作っておられましたのも魅力的でした。その過程で集団形成ができていくし、深掘りができるし、達成感が味わえる。当時の女性センターの限界は、ウィークデーのデイタイムに開講していることでした。ですから無業の主婦しか参加できませんでした。

上野千鶴子氏

河野　私たちの講座は夜もありましたけどね。

上野　それは東京限定でしょう。

河野　イイエ。他の地域でも、仕事を持ってる人向けと主婦向けに分けて二つ講座を作ってました。

上野　その両方を、公的機関がやってくれましたか？

河野　公営じゃなくて私営です。本文でも書いたように、「どこからの経済的援助もなく」です。

上野　そうでしょう。公的機関が変わったのは80年代前半に、既婚女性のパートも含めた有業率が50%を超した後からです。女性のマーケットが変わっていって初めて、公的機関がアフターファイブの講座を始めました。その時公務員たちの抵抗がありましたね。働いている女性をターゲットにしたら、アフターファイブと休日の講座を組まなければいけない。勤務時間外になると労組は反対しました。そのうち「お客さん」が変わったことを受けて、そんなことを言っていられなくなりました。

河野　そうでしたか。

全国で動いていた「素人」による学習サークル

上野　その頃フェミニストカウンセリングを受講した人たちの動機はどうだったのでしょうか。一つは先ほど言った自分探し系とすると、それだけでなくカウンセリングを職業にしたいと思う人たちもいましたか。80年代前半には「この講座を受けたら職に繋がる」と期待を持ってる人はそんなにいなかったと思いますが。

河野　受講生に明言されたわけじゃないけども、私の方が受講料いただいているのに、「自分探し」でいいんだろうかというのはあって、「ひょっとして職に繋がると思ってるかもしれないけど、私の講座では責任とれないなあ」と気がとがめたりしたことはありました。

上野　その当時はまだ女性センターの相談員というポストが存在していませんから。80年代後半頃から、女性センターがあちこちで開館しました。それまで草の根で運動してきた人たちは「女性センターがほしい」と要求したけれど、大理石を敷きつめた宿泊施設や大ホールのあるバブリーな女性センターがほしかったわけじゃなかったのに、女性運動が箱物行政に利用されたんです。それが90年代後半のバックラッシュに際して「女性行政に何億円もの無駄な税金が使われた」と非難の対象になりました。海外の女性センターを見ると、普通の民家のような街中に溶け込んだ拠点です。ともあれ90年代前半までは各地の女性センターに勢いがあって、意欲的な職員が女性センターに勤務し、わずかとはいえ相談員のポストができ、フェミニストカウンセリングの職業化が起きたけれども、それもほとんど非常勤。食える職業にはなりませんでした。結局、カウンセリング講座を受講しても、それまで主婦をしていた女性たちによる「心のケア」という体裁のいい小遣い稼ぎになっていったという流れではないでしょうか。

河野　だからプロフェッショナルとしてのフェミニストカウンセラーであることを打ち出すために、２００２年に日本フェミニストカウンセリング学会の認定資格を作ったんです。本書にも書きましたが、作るまでにはもめてもめて、すごい議論になった。というのはフェミニストカウンセリングは周辺的、マイノリティ・アイデンティティを持つ人が多く、資格化には反発が強かったのです。当時、「フェミニストカウンセリング」を商標登録すると言ったら、上野さんには反対されたんですよね。特許化して使わせないのはよくないと。

上野 だって「フェミニスト」も「カウンセリング」もジェネリックな用語ですから。それを商標登録するのはあんまりです。そもそも、アメリカから「フェミニストセラピィ」を日本に持ち込んだ時に、「フェミニストカウンセリング」に名称を変えた理由は何ですか。

河野 「セラピィ」というのは「治療」という意味ですから、治療は医療に繋がってくる。そういう概念ではなく、カウンセラーと一緒に考えていくことの実践を考えていました。それに、カウンセリングの方がわかってもらいやすいとも思い、「フェミニストカウンセリング」としました。しかしカウンセリングという言葉は出自からいって「軽い」んですね。

上野 カウンセリングの方が日本で通用しやすいのと、脱医療化を目指した。この二つの動機づけがはっきりあったということですね。その上でお聞きしたいのですが、「フェミニストセラピィ」が「フェミニストカウンセリング」と日本化して何が起きましたか。初代NWEC（国立女性教育会館）館長が「自己主張のトレーニングが素晴らしい」と言ったというエピソードを書いておられましたが、日本の女が自分の経験を言葉にしてこなかったというのは事実です。60年代に女性史で「聞き書き」ブームが起きたというのも、文書史料があまりに少なかったから。私が80年代に女子短大の講師をしていた時、「おばあちゃんのライフヒストリー」というテーマで学生にレポートを書かせたんです。何人ものおばあさんの聞き書きを読むと、必ずといっていいほど前置きにあるのが、「私のようなモンの話をよう聞きに来てくれた。言うほどのこともないけど……」「語る値打ちもないけれど……」といった言葉。わざわざ自分の話を聞きに来てくれる人がいないということがそれでよくわかりました。だから、自己主張のトレーニングで、自ら語ろうという場を作ることが画期的だったということがよくわかります。

河野　学生たちはレポートにどんな反応をしていましたか。

上野　「初めて聞いた」「おばあちゃんとこんなに話したのは初めて」「知らないことだらけだった」とか、ものすごく感動していました。内容を分析して面白かったのは、おじいちゃんと結婚した馴れ初め。配偶者選択の方法が恋愛か見合いかについては、日本ではちょうど60年代に半々になって、その後恋愛が増えました。おばあちゃんたちのレポートによれば、50人のうち48人が見合い。京都の商工自営の中産階級の女たちです。恋愛結婚の2人は貧乏人。奉公に早く出されたり、兄に嫁が来るから邪魔だと出されたりして、行った先で「くっつき夫婦」になった人たち。恋愛のことを「野合《やごう》」と呼びました(笑)。配偶者選択の自由は貧乏人の特権かと思ったほどです。また、おばあさんたちが幸せだったかどうかというと、50人のほとんどが「当たりハズレ」という言葉を使っていました。恋愛組の2例は「じいちゃん、当たりだった」、「じいちゃんが生きていた時が一番良かった」と言いました。残りは当たりとハズレがほぼ半々。「博打はするわ、女作るわ、えらい目にあってハズレだった」と。結婚はギャンブルだったようです。

河野　社会学者として「CR（コンシャスネス・レイジング）」という言葉がない80年代に「古い女の話を聞いていらっしゃい」と思ったのは先見の明ですね。なぜですか。

上野　私は、それまでにすでに日本の女性史に関心を持っていましたから。女性学や女性史を含めて、いろいろな草の根の女性サークルの厚みを侮ってもらっちゃ困りますよ。

河野　なるほど。いや侮ってるわけじゃありません。さすがだなと。

上野　地域女性史は、リブが起きる以前から各地で草の根にものすごい分厚い層がありました。みんな民間研究者。敗戦後に女性史のサークルが日本中にできて、たくさんの刊行物も出していました。それを支えていたのが、社会主義婦人解放論のおネエさまたちよ。この方たちはリブの女が登場した時に、不快な顔をなさいました。

河野　そうでしょうね、それはよくわかります。社会主義婦人解放論は、心の事柄とか、個人、特に女性が自分の人生に何を感じているのかなどを問いませんから。

上野　日本には草の根女性史の厚い層があるのに、リブとのあいだに断絶が起きています。だから私は「歴史学とフェミニズム」という論文の冒頭に、「日本では女性史とフェミニズムの出会いは不幸なものであった」と書いたのです。女性史だけでなく、日本には民間の女性サークルが山のようにありました。私たちの民間女性学研究会もその一つ。新聞に小さな告知が出ると、それを頼りに、いろいろな人が、本当にもう蛸壺から出てくるみたいに出てくるんです。そして、公民館などに集まって、夫に言ってもわかってもらえない、姑にはもちろん言えない、親きょうだいにも言えない、職場の誰かに言っても浮いてしまうという話を思いの丈しゃべって、うなずき合って帰って行ったのです。私もその当時は大学院生というよりオーバードクターでしたから、自己紹介のたびに「失業者の上野です」と言っていました。

河野　フェミニストカウンセリングが始まる前に、草の根の、すでにあった学習サークルの存在が、根底でフェミニストカウンセリングに繋がっていったといってもいいでしょうね。これは認識不十分でした。

上野　リブはリブ新宿センターばかりが注目されるけど、全国各地にリブのスペースを作った人たちがいます。札幌、京都、広島……地方に厚みがあって、それぞれ独自の動きをしていまし、何のバックアップも専門性もなく手探りで、「アメリカでこんな本が出たらしい」「翻訳がないから英語で読もう」「読書会をやろう」といったことをやってきました。そこに登場したフェミニストカウンセリングはものすごく魅力的に見えましたね。

河野　たしかにフェミニストカウンセリングがポコッと出てきたように見えますが、歴史の深層では繋がっていたと言いたいですね。これは大事な視点ですね。

上野　そうは言っても、帰ってきてから、『あごら』(1972年創刊)の発行者、斎藤千代さんと共に活動なさっていたでしょう。

河野　はい、『あごら』に関わってました。

上野　『あごら』は全国的な展開をした女性運動でしたね。

河野　バラバラだった組織を拠点にして各地で「ミニあごら」を作りました。私の提案でした。『あごら』編集部、『あごら』ミニ編集部というふうに分けて。

上野　そうでしたか。『あごら』京都は私の友人が主宰していて、問題意識の高い人たちが集まっていました。うまいなあと思ったのは、『あごら』は各拠点持ち回りの責任編集制にしていましたね。それは河野さんのアイデアですか。

河野　はい、私のアイデア。

上野　素晴らしいアイデアでした。情報発信側に立つことによって、各地のグループが育ったと思います。『あごら』みたいな運動体が日本にあって地方に拠点があるということを、あなたは知っていたわけですね。

河野　知っていました。私が『あごら』に手を染め出したのは、フェミニストカウンセリングを始める前、日本とアメリカを行ったり来たりしてる時期に関わったんです。

上野　『あごら』京都のニュースレターはすごくクオリティが高い。DV、虐待、子育て、夫との葛藤、女らしさの問題、ありとあらゆる問題が出ていて、毎月ニュースレターを配信していました。私はWAN（認定NPO法人ウィメンズアクションネットワーク）のミニコミ図書館に『あごら』京都のニュースレターを収蔵したいと何度も交渉していますが、実現していません。理由は「あまりにプライベートなことが書いてあるから外に出せない」と。『青鞜』を読み返すとものすごくプライベートなことが書いてある。時効になれば歴史的価値があると、説得しているのですけどね。その当時、コンシャスネス・レイジング（CR）という言葉さえ知らない時代に、毎月の定例ミーティングやニュースレターを通じて日本の女たちも海の向こうの女たちと同じようなことをしていました。70年代、80年代に日本にいた私の実感としては、CRという言葉を後から知って、「な〜んだ、私たちがやってきたことと同じじゃないか」と思いました。そう言ったら、河野さんから「違う」と言われたのよ。その理由がわからない。アメリカに正統派のCRがあって「あんたたちがやっていたのとは違う」という判定をくだされたように感じました。

河野　そんなつもりはなかったけれども、そこまで私の視野が広がっていなかったとは言える。申し訳ないです。それはたぶんCRとは呼ばない、と思ったのでしょうねえ。

上野　英語圏の言葉は後から入ってきました。ただ、やっていることは同じだと感じます。

河野　当時は私に情報が入らないんだよね。それで帰国していきなりフェミニストカウンセリングを始めたから。

上野　たとえば80年代、女性センターを自治体に作らせた運動について「日本のフェミニズムはしょせん行政フェミニズムだった」なんてまとめる研究者もいます。歴史は怖い。レイトカマー（新参者）が「××であった」と書いたら、後からそれを読んだ人はそういうふうに思っちゃう。当時、自治体は「女性センター建設計画委員会」などに大学教授や有識者といった女を集めました。それを「行政フェミニズムだった」とまとめるのは、そういう上からしか見ていない人が言うこと。女性センターは自治体がすすんで作ったわけではありません、女性運動が作らせたんです。幸いなことに、私はそういった行政主導の委員会や審議会に一度も呼ばれたことはありません。

河野　うるさいから呼ばないでおこうとなってるんですよ（笑）。

上野　当時、行政は確かに女性運動に親和的でした。露骨に言うと、女性票獲得のために運動に乗じたんです。89年のマドンナ選挙で、初めて「山が動いた」と言われた。選挙行動を分析している政治学者によると、戦後の国政選挙史上、女性票が初めて家族票から離れて個人票として動いたのが89年の選挙だったといいます。

それまでは、各地にいる集票マシンが「あの家のとうちゃんを落とした」というと、「なら、じいちゃんとばあちゃんとかあちゃんで、4票は確実だね」と数えて、それがほぼはずれなかったのが日本の選挙です。それが女性票が個人票として動いてから、自治体首長は女性票にすごく配慮するようになりました。こうした動きと、税収バブルによる箱物行政と、女性運動がうまくハマったのがこの時期です。続きませんでしたが、行政とフェミニズムの蜜月と言ってよい時代でした。フェミニストカウンセリングもその流れに乗っかって成長していったのですね。

フェミニストカウンセリングのメソッドはオリジナル

上野　そもそも「フェミニストセラピィ」を「フェミニストカウンセリング」と改称した時に、日本化、土着化ということをお考えになりましたか。直輸入ではうまくいかないと感じ、修正を加えようと思われたのでしょうか。それとも、アメリカで経験してきたフェミニストセラピィのメソッドが、ほぼそのまま日本の女性にも通用すると思われました？

河野　私はフェミニストセラピィをアメリカで学んで実践してきたわけではありません。仕事は、サルベーションアーミー（救世軍）の家族サービス部で、やってきたのは、カウンセリングというより、物理的な援助も含めて家族問題の相談にのること。福祉事務所の相談に似たソーシャルワーク的な相談です。いわゆるセラピィとしては、帰国して模索しながら作っていった。

上野　だとしたら、河野さんが日本に持ち込んだというフェミニストカウンセリングとは？

河野　基本的には理念です。

上野　ちょっと待ってください。フェミニストカウンセリングにはさまざまなメソッドやカリキュラムがありますね。あれはアメリカで学んだものではないんですか。あのカリキュラムはどこから来たのですか。あなたが完全にオリジナルで作ったんですか。

河野　オリジナルで作ったんです。帰国して本を読んだりカウンセラーと話したりして、自分で考えたんです。

上野　初めて知りました。基本、セラピィって1対1ですよね。それをグループ対象にしましたよね。

河野　ええ、AT（アサーティブ・トレーニング＝自己主張のトレーニング）、CR、SET（自己尊重トレーニング）と、グループを作りました。

上野　それはどこかで学んだのでしょうか？

河野　CRとかATはアメリカで学んだけれど、実際にやったことはないんですよ。書かれたもので学んできたんです。

上野　文字情報だけで、経験したことのないことをオリジナルに作られたんですか。

河野　はい。

上野　私は完全に誤解していました。それというのもフェミニストカウンセリングには英語が多いので、英語圏からモデルを持ち込んだとばかり思っていました。

河野　概念はそうですよ。女性の問題は社会構造が作っている。これが基本の概念ですよね。この概念はアメリカから私が持ち込んだものだけど、セラピィの実践は経験したことがないんです。院生時の、訓練トレーニングと救世軍の仕事で。

上野　グループカウンセリングや集団的なワークショップを作ったのは、グループが一定の効果を持つということを、河野さんが確信していたからですか。

河野　そうです。

上野　そこをお聞きしたいです。

河野　私は本来ソーシャルワークの出身です。

ソーシャルワークには、もともとケースワークと、グループワークと、コミュニティオーガニゼーションの3つがあって、そのうちのグループワークは、セラピィとまではいかないけれども、グループで話し合いを通して回復するというさまざまな社会的視点を取り入れていく実践です。非行少年グループとか受刑者グループワークとか。これをアメリカではやったことはありませんが、渡米前に日本で勤めた精神科病院では退院前の患者グループとかでやったことはありました。そういう素養は若干あった。

上野　心理カウンセラーの信田さよ子さんも、出発点はアルコール依存症の患者さんたちでした。つまり精神科医療の限界を入り口でしたたかに味わい、共同体の力を知ったそうです。河野さんもやっぱり依存症からスタートしたんですね。専門家や医療の限界と、グループの力を原体験として持っていたことが影響しているのでしょうか。

河野　ありますよ。ものすごくあります。

上野　そういうことをちゃんと言ってほしいです。

河野　本書には十分書いてあるつもりです。精神科病院での経験や、アメリカでのアルコール・薬物依存症者の自助施設シナノンでの経験、NOW（全米女性機構）の一会員としての経験が、フェミニストカウンセリングの基礎になっています。

上野　シナノンの言いっぱなし・聞きっぱなしもすごく重要な技法ですよね。DV被害者にも応用が利く、そういう技法を学んだわけですね。

河野　フェミニストセラピィに関わる前の話で

すが、はい。

なぜアカデミックに評価されなかったのか

上野　そうやって各地に種を蒔いて育ててこられた。本当にすばらしい成果ですし、指導者として河野さんを慕う人たちは全国におられるわけですが、その次の段階、フェミニストカウンセリングがマーケットを作っていく90年代に話を移しましょう。各地に女性センターができて非正規の職員ポストという雇用機会が生まれました。それまでは女性センターの運営に関わる市民は無償のボランティアでした。それがわずかでも報酬が出るようになったので、無職無収入の女性たちは「お金をもらってラッキー」という状態でした。1つのセンターに相談員が2、3人しかいないとしても、日本全体の自治体を合わせると、雇用機会も相当の数になります。90年代後半、私は横浜市女性協会が編集した『女性施設ジャーナル』で河野さんと対談しました。その時私は、「女性センターは女性の雇用崩壊の現場」だと指摘しました。相談業務は、高学歴女性にとって、単価は相対的には悪くないが食えない職でした。そこにフェミニストカウンセリングの講座修了生が採用されていきましたね。そのことについてはどうお考えでしょうか。

河野　はい。よい機会になりました。

上野　相談業務に関する女性センターの功罪はいくつかあります。女性の雇用機会を増やしたことは大きな功でした。罪の方は、まず、講座を修了することが職業機会に繋がるという期待を女たちが持つようになったけれども、主婦の非正規雇用の域を出なかったこと。2つめは、本来、相談業務は自治体にとって市民とのインターフェースの現場ですから、そこから上がった問題は政策決定のための重要な情報になるはずのものです。ところが、相談業務は守秘義務とプライバシー問題のもとに囲い込まれ、外に情報発信できなくなりました。さらに3つめは、本庁の女性政策課と出先機関の女性センターとのあいだに序列があり、女性センターに異動する職員は窓際か退職後の天下り。そのため現場がゲットー化されていきました。4つめは、女性センターそのものや、その中から相談業務が切り離されて指定管理事業者に委託されるようになり、相談内容がますます囲い込まれるようになりました。これが私の観測ですが、どうお考えになりますか。

河野　当初は、女性政策課と女性センターの連携が悪くないところもあったし、おっしゃっているような場合は後になってからじゃないですか、多分。守秘義務については、許可を得れば情報を出すことはかまわない。私も許可を得ていくつかのケースを出したことはあります。

上野　女性相談が行政にフィードバックしなくなったことを言っています。それに守秘義務についてはそういう例外的な扱いではなく、あれだけ相談業務による蓄積があるのに、フェミニストカウンセリング業界からの外への情報発信が少ないように感じます。

河野　外への情報発信は少なかったけども、フェミニストカウンセリングのジャーナルにはケースを書いてますよ。

上野　それも内輪向けですね。フェミニストカウンセリングの学会員以外に、誰が専門ジャーナルを読むでしょうか。

河野　そう、基本的には。でも学会の紀要はそんなものでしょう。

上野　相談業務には広がりがあったにもかかわらず、情報の囲い込みが起きて、誰もやってることを知らない。女性センターに行けば無料で相談を受けられることは知っていても、そこからどういう課題が浮かび上がり、政策とどう結びつくかの経路がまるっきり見えません。

河野　その通りです。残念ながら。私と仲間で作ったセンターにおける相談業務の指針（巻末資料参照）には明記されていますが、指針そのものが広く読まれなかった。

上野　やはり囲い込みされたのでしょうか。

河野　私は本を幾冊か上梓し、そこにケースを書いているけれど、フェミニストカウンセリングとして、女性の訴えを分析して、差別視点以外の現状を伝えていく役割を担うというところまで自覚が及ばなかった気がします。自分たちの活動だけで自足していたかと言われるとそんなことはないんですけど、内弁慶でなかなか発信していかないというきらいがあった。その背景に、大学の臨床心理学科や教育心理学科を出た若い人たちを吸収できてこなかったということがありますね。

上野　そこなんです。なぜフェミニストカウンセリングが日本のフェミニズム、特にアカデミックなフェミニズムの中で評価されなかったのか。心理学者たちがフェミニストカウンセリングに接点を持たなかったのはなぜでしょう。

河野　フェミニズムを射程に入れると、一般的な心理学会とは接点を持ちにくい。

上野　心理学に限らず、ありとあらゆる学会は男性支配ですよ。80年代、90年代には各分野で女性の研究者がどんどん増えていきました。女性の全部がそうではないけれど、その中にフェミニストは相当いました。とくに女性研究者は社会学に食い込んでいきました。今はどの学会にもジェンダー部会があります。心理学会の中にもフェミニストはいます。そういう女性心理学者たちとフェミニストカウンセリングはなぜ接点がなかったんでしょう。

河野　ある社会学の研究者がエスノメソドロジーの分析をしていると聞いたから、共同研究で分析できないかとお話をしましたが、あまり興味を持っていただけませんでした。フェミニストカウンセリングの現場は、あくまで臨床ですから、研究ということで、少し格下に見られたのかなと感じました。ひがみではなく。だからなんとなく私自身も諦めたところもありましたね。たとえば発達心理学会にはフェミニズムを取り入れている研究者もいますが、だからといって発達心理学会に出かけて、フェミニストカウンセリングと繋がりましょうとはなっていかなかった。その理由の一つには、フェミニストカウンセリングの閉じこもり性がある。職もないので、若い人たちに呼びかけることもできない。主婦なら夫が食べさせてくれるけれど。

上野　フェミニストカウンセリングの側のアカデミズム嫌いもありますか？

河野　フェミニストカウンセリング側が拒むということはないと思いますが、フェミニストカウンセリングも層が分かれていて、草の根的な思考の、資格化や制度化はダメというグループもいるんですね。そういう人たちはアカデミズムが嫌いですね。

上野 河野さんだって一時期大学教師をやっていたでしょう。その時にアカデミックなフェミニストカウンセリング論を打ち立てて、後継者を養成しようと思いませんでしたか。

河野 できなかった。

上野 なぜ。

河野 帝京平成大学では社会福祉部の所属で、私に課されていたのは、ほとんどできたばかりの国家資格、社会福祉士、介護福祉士、精神保健福祉士の育成が主でしたし、お茶の水女子大学のジェンダー研究センターは研究が主でフェミニストカウンセリングの講座を作ることはまったく要請されなかった。期間も2年半と短かった。その後、客員教授になっても、開発途上国女子教育協力センターでアフガニスタン問題を扱っていましたから、大学でフェミニストカウンセリングを生かせるような活動はできなかったですね。

上野 アカデミズムは知の再生産の制度です。ここに入るか入らないかで、持続可能性が違ってきます。女性学・ジェンダー研究は制度化を果たしました。散々「体制内化」だと批判を受けましたが、制度化と体制内化は違います。権力にすり寄ったら体制内化と言われても仕方がないけれど、制度化そのものに反対する理由は何もありません。制度化を目指してありとあらゆる努力をしてきましたから、ちゃんと科研費のジェンダー細目もできましたし、数は多くないとはいえジェンダー研究のポストも確保しました。講座やコースを作れば学生が入ってくるし、入ってくれば次世代が育ちます。

河野　フェミニストカウンセリングは「主婦的」女性から始まっているので、そこから先、大学や他の学会に繋がっていく訓練ができてない。

上野　女性学・ジェンダー研究だって「私」から始まっています。

60人程度にとどまる認定資格の問題点

上野　この先は90年代以降のフェミニストカウンセラーの資格化と、その功罪につながります。資格化が議論の俎上に上がっていた時、私は賛成しましたね。反対する意味は何もないと思いました。でも私が理解できなかったこと、もっとはっきり言うとせっかくの資格化が「失敗した」と思うのは、フェミニストカウンセラーの学会認定資格を出し渋ったことです。現在、資格を持っている人は何人ですか。

河野　出し渋ったということではありませんが、基準はかなり厳しかったと思います。現在有資格者は60人程度ですね。

上野　各都道府県に1人いるかどうかぐらいの人数しかいないのですね。それに比べて日本公認心理師協会は、2018年の発足から3年間でなんと6万人も有資格者を出しています。政治的な判断をするなら、マーケットを充足するだけの規模のサプライを提供することは常識だと思います。どうして戦略的にそういうことをやらなかったのでしょうか。

河野　私が資格化に関わってたのは十余年程度です。短いですけども、おそらく「フェミニストカウンセラーの専門家だ」というには、そう簡単に認定できないという気負いはあったかと思います。それに、そんなに裾野が広くなかったんですよ。

上野　学会は研修プログラムを持っていましたから、その修了者に認定を出せばよかったのでは。

河野　外から「あなたは心理学科を出てないでしょう」と言われることが怖かったから気負ったんだと思います。「それでフェミニストカウンセラーなの？」「それで認定資格者なの？」と。

上野　「学会認定資格があります」と言えばいいでしょう。そのための資格ですから。

河野　でも、認定を厳しくした分、いい加減なカウンセラーはいません。とても誠実です。

上野　資格はそういうふうに判定されるものじゃありません。

河野　そうですか。それはあなたと認識が違う。私は質が問題だと思う。

上野　資格と能力は連動しません。「それで医者」「それで看護師」なんてたくさんいます。別に何の問題もないでしょう。たとえ低賃金・不安定雇用の非正規職だとしても女性センターの相談員という雇用機会があれば、「協会認定資格がある」ということが競争力になります。採用にあたって行政は「この人はスキルがあるか、信頼できるか」は見ていません。資格があるかないかで判断するでしょう。

河野　その資格そのものが「さすがフェミニストカウンセリングだね」と、クライエントには言ってもらいたいという気持ちがあるじゃないですか。だから厳しくした。でも、この点は再考しますと言っています、今の人たちが。

上野　今のフェミニストカウンセラー資格は有効期限付きで、再研修しなければならないのですね。これは政治的に正しい判断だと思います。更新のための研修は学会の収入源になりますし、学会との縁が継続しますから。

河野　更新審査がまた厳しいんですね。だから落ちちゃう。これも見直すと言っています。

上野　なぜそんなに偏狭な判断をするのでしょう。需要と供給の市場原理に従えばいいじゃありませんか。

河野　そうおっしゃるなら、お金のない、一人ひとりの女性に丁寧に沿って、何とかクライエントを手助けしたいと思っているなかに、市場原理に従うことは射程に入りませんね。先ほど申し上げたようにカウンセラーとしての自信がない、私はかつて毎年国立女性教育会館の主催する女性センター相談員の教育訓練に出かけて、「あなたたちは、フェミニストカウンセラーとして、臨床心理士のわからない知らない特性をもっているんですよ」と激励してきました。でも、おっしゃる通り、マーケット志向そのものが薄いというのはあります。

上野　そもそもマーケットができて需要が生まれたからこそ、そこに有資格者を供給するために資格を作ったんでしょう。こういう話を聞くと、あなたたちはフェミニストカウンセリングを食える仕事にする気がないのかとさえ思えます。それでは夫に養ってもらうことを前提とした、女の自己満足、道楽と言われますよ。

河野　そう言われて当然だと思うけれども、そこにアイデンティファイする草の根の個性を持つ人もいて、なかなかガラッと変われないんです。戦略的に頑なというか、革新的な保守という流れがある。でも、今ならよくわかります。

上野　まじめすぎる原理主義者です。はっきり言ってそこが女の限界です。私が言っても場外の遠吠えですが、心の問題を扱う女のくそまじめさは困ったもんだと思っています。フェミニストカウンセリング業界は高齢化していませんか。

河野　してます。今、上野さんがおっしゃったことを取り入れて、今後、フェミニストカウンセリングは変わっていかなきゃいけない。現在、私の仲間たちは学会認定資格更新のレベルを下げ、認定者を増やし、女性センターにもっと売り込んでいくと言ってます。

上野　フェミニストカウンセリングが始まってからもう半世紀経っています。資格を作ってからも20年以上。遅過ぎます。認定者を増やすためにはまず裾野を広げなければならないのに、フェミニストカウンセラー資格にはすでに「ハードルが高い」という評価ができて、チャレンジする気をそいでいるでしょうから、今さら更新のハードルを下げても応募者が増えていかないかもしれません。悪循環ですね。しかもその間に、もっと強力な国家資格である公認心理師という競合相手が登場してしまいました。女性センターの相談業務は資格を問わない職だとしても、公認心理師資格とフェミニストカウンセラー資格が競合すれば、行政は公認心理師資格を優先するでしょう。大学業界も公認心理師資格制度に乗って、学部を作り定員を増やし、教員ポストをつけて、マーケットを拡大しました。かつてフェミニストカウンセリングの講座を受講しに来た主婦たちは、高卒・短大卒が圧倒的に多い世代。協会認定資格は彼女たちにキャリアパスを与えることができたはずなのに、なぜそれを有効に使わなかったのか。原理主義だけでなく、間違った権威主義があったのではないでしょうか？

河野　権威主義は別の意味で考えるべきでしょうが、理念や思想をなかなか手放せないところはあって、そういう市場原理を考えにくい。政治的、社会的なレベルでのさまざまな要素を考えるには力が足りない。私自身、変えていかなきゃいけないという強い思いがありつつ、その方向が見つからないまま結局身を引いてしまった。この本が出て、おそらくフェミニストカウンセリングに関わる人は読んでくれると思うんですけども、どういうふうに感じとってくれるかなあ。

脱医療化、社会モデルへの転換へ

上野　最後に、河野さんから私に問いかけたい疑問があるとお聞きしました。

河野　ええ。これまでたくさんのフェミニズム関連の叢書、全集が出ているけれども、その中にフェミニストカウンセリングという項目が入っていない。どうしてフェミニストカウンセリングが頭をかすめなかったのか。それがずっと疑問だと上野さんに言ったことがきっかけで、この本が始まっているんですけども。フェミニストカウンセリングの現場は徹底して臨床です。アカデミズムの中のフェミニズムは理論的な構築ですよね。そこをどう結びつけていくかは非常に難しい。私からすれば、社会学者は臨床心理学が嫌いなんだ、興味ないんだと思ってしまう。

上野　いくつか理由があります。1つは実験心理学と臨床心理学の間に格差があって、臨床心理学は二流の学問だと思われてきたことです。そもそも臨床心理学を教えている大学はすごく少ない。だから理論化があまりできていない。2つめは、カウンセリングには技法はあるが、理論はなさそうだという偏見です。カウンセリング業界から技法でもケーススタディでもない理論は生まれないのでしょうか。3つめ、フェミニストカウンセリングはアメリカ生まれのものをあなたが輸入したと私は思っていました。私たちジェンダー研究者が『日本のフェミニズム』（岩波書店）を編んだ時のポリシーは、日本生まれのオリジナルなテキストであること、そして日本語で書かれたものという言語ナショナリズムでした。だから外国語で書かれたテキストも、日本語で書かれていても外国を対象としたテキストは採用しませんでした。アンソロジーを作るのは排除と選別のルールです。でも、今日聞いてびっくりしたのは、フェミニストカウンセリングのカリキュラムをあなたが完全にオリジナルで作ったということ。だとしたら理論化もできたんじゃないでしょうか。

河野　理論化をどう捉えるかってことによりますけどね。

上野　あなたが「セラピィ」という言葉を使わずに「カウンセリング」としたことはものすごく重要だと思います。フェミニストカウンセリングの理念である脱医療化、脱病理化をもっと鮮明に打ち出して、情報発信してくださったらよかったのに、と感じます。私が持っているカウンセリング一般に対する偏見は、心理学的還元主義です。ジェンダーの問題を心というブラックボックスに還元することにつねに疑問を持ってきました。そこじゃないだろうと私が言うたびに、河野さんは「あなたの言う通り」と言ってきたけれども、そういう情報発信があったという手応えがありません。

河野　それはよくわかりました。フェミニズムなんだから、ケースは出せないにしても、情報発信しないことに意味がないですよね。フェミニストカウンセリングをフェミニズムの流れでわかってもらいたいという意欲があったかどうかと言われたらあまりなかったことは確か。

上野　今日改めてあなたの話を聞いて、ソーシャルワークからスタートしたところが腑に落ちました。だとしたらフェミニストカウンセリングも最後はソーシャルワークに戻るのではないでしょうか。ジェンダーの問題は心の問題ではなく構造の問題、個人の問題ではなく社会の問題です。そうした大きな理論的見取り図を示してほしいです。

河野　なるほど。

上野　それがないとは言いません。河野さんの著作にもそれらしいことはそこここに書いてありますが、もっとバシッと筋を通してほしかった。障害学が医療モデルから社会モデルにパラダイムシフトしたのは医療に対する大きなチャレンジでした。同じようにフェミニストカウンセリング業界から精神医療業界に対して大きなチャレンジができたはずなのに、なぜそういうムーブメントを起こせなかったか。ジェンダーの病は明らかに社会モデルに依拠しています。医療モデルから社会モデルへ脱病理化してほしい。たとえばPTSDは完全に外因性ですから、本人に理由はありません。最終的には心の問題を社会化していくしかない。フェミニストカウンセリングもカウンセラーが制度リテラシーをきちんと身につけて、クライアントを制度的な支援に繋ぐというソーシャルワーカー的な働きをやってくれてたらいいのにと思いますが、その期待が満たされているように思えません。

河野　確かに、医療化に戻りつつある傾向はありますね。私もこの本を書いたのは、フェミニストカウンセリングは「フェミニスト」であり「カウンセリング」なんだということをもっとわかってもらいたいという思いがあります。

上野　では、まだ書き足りないことがあるとしたら次に書いてください。

河野　次（笑）？

上野　はい。今日は言いたい放題言わせていただきましたが、河野さんにもまだまだ言い分がありそうです。

河野　いいえ、とんでもございません。よくわかりました。ハグしたい。

上野　私がこれまでブツブツ言ってきたことがやっとわかってもらえてうれしいです。河野さんからはいつも「あなたは誤解している」と言われてきましたから、今日は「よくわかった」

と言ってもらえて。

河野　そんなことはないでしょう。いつも同意してるじゃないですか。断定するから誤解が生まれるんですよ。今流行りの「～かな?」って言えばいい。

上野　「知らんけど」とか（笑）？

――お二人の出会いはいつですか。

河野　40年前、上野さんが「自己主張のトレーニング」に来た時ですね。私ね、すぐにこの人は自己主張できないとわかった。

上野　そう。80年代初めに、京都に河野さんがアサーティブ・トレーニング講座の講師にいらっしゃいました。私がその講座を「受ける」と言ったら、周りが「あんたがこれ以上、自己主張する必要なんてない」と笑いました。私は「何をおっしゃる。私はノーが言えない女です」と言いました。そして、河野さんの講座を受けました。「どうして受けたんですか」と聞かれて「私はノーが言えません」って言ったら、「そうでしょう」ってすぐにこの人は言いました。

河野　「わかるわ」って。なぜわかったのですか?

話の中から、人に譲ってしまう他者優先の人だと思ったんです

上野　他者優先ではなく、「気配り」と言ってください（笑）。

河野　はい、はい。気配りね。ペラペラしゃべる人が必ずしも自己主張できるということじゃないと、これまでの体験として入っていたんです。

上野　その後、あなたがどんなに冷たいことを言ったか、覚えていないでしょう。

河野　なんて言ったの？

上野　「仕方ないわよね、だってノーが言えないんだから、自分で負担を背負えるところまで背負うしかないわね」って言われました。身も蓋もない言い分でした。

河野　それはその通り。でもその後、私に会うたびに、「だんだんノーが言えるようになりました」と報告を受けたんですよ。

上野　はい、おかげさまで。今日はずいぶん「ノー」を言いましたね（笑）。

（２０２２年12月２日上野オフィスにて／構成・安楽由紀子　撮影・菊岡俊子）

資料1

「フェミニストカウンセリングのアセスメントシート」作成の試み

小柳茂子　宮本恵　花崎晶

要旨

現在フェミニストカウンセリング（以下ＦＣと略）は、様々な相談・支援の場で、幅広く相談業務を展開しており、相談業務の形態も多様になってきている。行政の相談機関では異なる専門やフィールドをもつ相談員と業務にあたる機会も増え、他の専門機関との連携が求められるようになってきた。当然、他機関との連携やリファーにあたっては、ケースの概要、留意点、今後の方針を伝えて、ケースの共有化を図ることが欠かせない。フェミニストセラピィ“なかま”では、近藤直司（２０１２）のアセスメントフォーマットを参考にして、ＦＣの特性を生かしてジェンダーの視点を加えたアセスメントシートの作成を試みた。今回の研究ノートでは、２０１５年、ＦＣ大会のワークショップでの報告とＦＣのアセスメントシートの課題について述べたい。

キーワード

・他の専門機関との連携　・ケースの共有化　・ＦＣの特性を生かしたアセスメントシートの作成　・ジェンダーの視点を加えたアセスメントシート　・ＦＣ大会（２０１５）、ワークショップの報告

１　ＦＣにおけるアセスメントシートの必要性

現在ＦＣは、民間のカウンセリングルームやＮＰＯ、行政の女性相談の場にとどまらず、様々な相談・支援の場で、幅広く相談業務を展開している。また、相談業務の形態も多様になってきており、行政の相談機関では異なる専門やフィールドをもつ相談員と業務にあたる機会も増えている。とくにＤＶや虐待、性暴力被害の相談では、医療、福祉、臨床心理など、他の専門機関との連携が求められる。当然ながら、他機関との連携やリファーにあたっては、ケー

スの概要、留意点、今後の方針を伝えて、ケースの共有化を図ることが必要となる。そのためには、ケースについての「アセスメント（見立て）」が欠かせない。

ＦＣは、社会的な力の構造やジェンダーの視点で相談者の置かれている状況を把握し、相談者の心理・社会的な自立、エンパワーメントに向けた支援に取り組んできた。その特性を生かしたアセスメントの手法、現場で活用しやすいフォーマットの必要性を感じたことが、今回、報告する「ＦＣのアセスメントシート作成」の動機となった。

2　ＦＣの特性を生かしたアセスメントシートの作成

近藤直司（２０１２）は、児童相談の現場で、福祉、医療、看護、心理、教育など、複数の機関、援助関係者が協働する事例が増えていることから、簡潔でわかりやすいアセスメントのためのフォーマットを考案した。近藤のフォーマットでは、生物的・心理的・社会的という3視点からケースの分析・理解・方針を記述し、ケースの概要と対応方針が一目で把握できるようになっている。フェミニストセラピィ〝なかま〟では、このフォーマットを参考にして、ＦＣの特性を生かしたアセスメントシートの作成を試みた。

ＦＣのアセスメントとして設定した４つの視点

近藤の挙げた3つの視点に対し、ＦＣのアセスメントシートではジェンダーの視点を加え、以下のような4点から記述した。

（１）ジェンダー（社会的役割・性・文化・支配や暴力・力の構図）
（２）パーソナルな問題（トラウマ・生育史上の問題など）
（３）心身の状態（病歴・身体症状・健康度）
（４）個人・社会資源

作成したアセスメントシートについては、２０１２年のＦＣ学会大会ワークショップ、「ＦＣの特性を生かしたアセスメントシートの作成１」で報告を行った。

3　ＦＣ大会、ワークショップでの「アセスメントシート記入」の実習

フェミニストセラピィ〝なかま〟では、その後、定期的に実施しているケース研究会で、アセスメントシートを使用して、「使いやすさ」「有効性」「ＦＣの特性」の観点から修正を加えた。具体的には、ジェノグラム欄、受診歴・服薬の項目を追加し、ケースの方針と支援をエンパワーメントのポイントに変更した。さらに個人・社会資源を「クラ

イエントの持っている力（能力・社会±資源）」と位置づけた。この結果については、２０１５年のＦＣ全国大会のワークショップ「ＦＣの特性を生かしたアセスメントシートの作成２」で報告した。ワークショップでは、参加者に記入体験をしてもらうため、少人数に分かれてグループで実習を行った。仮想の事例をもとに15分のロールプレイ（模擬カウンセリング）を行い、各自でシートを記入後、グループで話し合い完成させたシートを発表した。また〝なかま〟からは、見本となる記入例を紹介し、記入上の留意点、とくにジェンダーの記入要領について説明を行った。

以下が実習の仮想事例と見本の記入例、記入上の留意点である（若干修正）。

【アセスメントシート　仮想事例】　Kさん・女性　50歳

相談の経緯：市民一般相談から女性相談に紹介される。

相談条件：自治体の相談で、継続回数は5回まで。

来室時の様子：日に焼けて、リュックを背負いスポーティな格好だが、表情は暗く疲れ果てた様子。

主訴：2か月前から同居している姑（90）が攻撃的、夫（57）に訴えても理解されず、家にいるのが苦痛。今の生活に疑問、自分がほっとできる場所がほしい。

ケース概要：義父の死後、週末だけの同居の約束が、曖昧なまま完全同居になった。夫の家族とは以前から折り合いが悪く、できるだけ接点を持たないようにしてきた。義母は、動作が乱暴。ドアをバタン、襖もピシッと強く閉め、大きな音をさせる。この音が怖い。思い通りにならないと癇癪をおこして物を投げる。この前は、「お前は！」と怒鳴って殴りかかってきた。時々、訪れる義理の姉は、義母と一緒になってイヤミを言ってくる。なかなか寝つけず、家では食事がのどを通らない。夫とはコミュニケーションがとれない。同居も一方的に決められた。いつものことなので話しあう気力が出ない。義母の暴力を夫に訴えても些細なこととしか受け止めてくれない。家にいるとつらいので、昼間は、公共の施設をうろうろしている。離婚はまだ考えていないが、このまま一緒にやっていく自信がない。別居を前提に不動産屋をまわって、部屋を探している。自分だけのほっとできる場所がほしい。

実家…関係は悪くはないが、老いた母を兄夫婦が世話していて頼れない。
健康…家に帰ろうとすると不安が高まる。
　　　心療内科で眠剤と安定剤をもらっている。
経済…以前は、趣味を生かした臨時収入はあった。本人名義の貯金は多少あり。
子ども…息子（28）が昨年自立。母への理解はあり。母としての役目が終わり、
　　　これからの生活（別居）を考えるきっかけにもなっている。

フェミニストセラピィ〝なかま〟**アセスメントシート**

2015年5月24日（日） 提出者〇〇〇

CL情報：（氏名・年齢・職業・印象）Kさん 50歳 無職

印象 日に焼けてスポーティーな装いだが、疲れ果てた様子

ジェノグラム

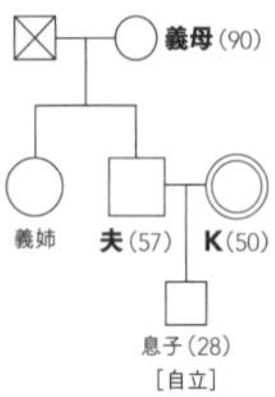

主訴・要望（CLによる表現）	**経緯・来談のきっかけ**	**相談枠**
義母との同居（暴力）で疲れている。 自分の居場所がほしい。	市民一般相談からの紹介。	自治体の女性相談 （継続は5回まで）

COの問題意識 **COの見立て**	・義母との同居や暴力で消耗し、安心できる自分の居場所を探している。 ・夫との不和が表面化。これまでやってきた妻・嫁の役割に疑問を感じている。
エンパワーメントのポイント（方針と支援）	・一方的な同居や介護の押しつけに疑問を持ち、義母の暴力から逃れたいと思うのは無理のないことであると支持。 ・義母の暴力は認知症の疑いがあり、保健師への相談、医療・福祉面での支援体制の必要性を伝える一方、人生の分岐点にあり、自分がこれからの生き方を模索していることをサポートする。

見立てた要素 A段

ジェンダー（社会的役割・性・文化・暴力・力の構図）	**パーソナル（トラウマ・生い立ち）**	**心身（病歴・身体症状・健康度）**	**CLの持っている力（能力、個人・社会±資源）**
・夫による一方的な義母との同居、義母の暴力・介護により心身消耗している。 ・これまでは当然と思ってきた妻・嫁の役割に疑問を感じている。	トラウマ→？ 生い立ち→？	・睡眠が十分とれていない。家では食事がのどを通らず、外で摂る。 ・帰宅しようとすると胸が苦しく不安になる。 ・疲れながらも日常生活は維持、家事をやりこなす。 受診履歴：(有)・無 服薬：心療内科から眠剤、精神安定剤を処方	・心身ともにかなり消耗しているが、状況を打開したいとの意欲（行動力）はある。 ・多少だが個人の預金あり。 ・実家は他府県、交流はある。自立した息子があり、母親への協力の可能性あり。

CLの語る言葉 B段

エピソード

略 （本人が語るエピソード）	略 （本人が語るエピソード）	略 （本人が語るエピソード）	略 （本人が語るエピソード）

シート記入の留意点

・A段は、各領域から浮かび上がるアセスメントの要点をあげ、B段は、それに伴いクライエントが語ったエピソードをあげる。
・一般的に理解・共有化しやすい概念で簡潔にまとめる（心理学・医学の専門用語を含む）。
・記入できないときは空欄とする。空欄は、「その情報がない」ことを示す。
・情報が不十分なところ、「この点は疑問」「確認の必要がある」ところは「?」でよい。

ジェンダー欄の記述の仕方

ジェンダーの視点から「本人の性別役割意識や行動」「周囲からの性役割期待」「性に伴う社会・文化的な背景」「性差別や支配、暴力などの力関係」などが、クライエントの悩みにどう関連しているかを読み取る。クライエントの状態像を本人の語る内容にそって、できるだけ客観的、具体的に表現する。一つの概念（「育児ストレス」「夫婦問題」など）でくくるよりも、述語的に表現するほうがクライエントの全体像が浮かび上がりやすい。

たとえば、以下のケースでは、

例）共働きだが夫は皿も下げない。子ども3人の育児を、仕事をしつつ実母にかなり頼りながらやってきた。夫への不満をいつも抱えて、それでも心のバランスをなんとか取りながらやってきた。私が感情的になると、「自分の段取りが悪いのに、あたり散らすな」と夫は言う。夫と怒鳴り合うと、子どもたちに悪影響があるのではないかと不安になる。ダメな母親だと自分を責めて苦しくなる。

ジェンダー記入例↓　仕事と家事・育児の両立に疲弊、家事をしない夫に不満を持つ反面、夫に怒りをぶつける自分に対し母親として失格ではないかと自責感を抱く。

4　ワークショップでの実習体験の意見・感想

FC全国大会ワークショップのアセスメントシート記入実習（25名参加）では、短時間の模擬カウンセリングであったが、参加者にベテランの相談員が多かったこと（半数近くが10年以上、3-5年が11名、3年未満2名）からスムーズに記入ができた。

感想としては、「アセスメントに重要なポイントが整理されているので、面接の際に役立つ」「シート記入で（記入できない箇所がわかり）自分が聞き取れていない部分や聴き方の癖がわかる」と好評であった。とくに「ジェンダーの視点でケースを読む」ことについては、「FCの特性を生かせる、ジェンダーの視点でケースを読むトレーニングになる」との意見が聞かれた。その一方、FCでの経験が少ない方や福祉領域を専門とする方からは、「ジェンダーの視点でケースを見ることに慣れていない、抵抗感がある」「アセスメントシートのポイントが心理面に集中しているのではないか」との意見もあった。

5 まとめと今後の課題（限界と可能性）

これまでの経過で、アセスメントシートを使うことでのメリットはいくつか認められた。シートを記入することで、ケースへの問題意識が高まり、今後の方針や対応が明確になる。「見立て」に必要な情報が整理でき、シートの記入ができない箇所から、聞き取れていない情報を確認することができる。アセスメントシートを用いることで、ケースの要点が整理でき、簡潔な説明がしやすくなる、などである。

さらに「エンパワーメントのポイント」では、クライエントの可能性を積極的に探すことで、クライエントのみならずカウンセラーも力づけられる。〝なかま〟のケース検討会では、クライエントの潜在的な力を発見し、クライエントへの敬意や信頼を得ることで、ケース提供者自身が、エンパワーメントされる様子がしばしば見られた。

また、ジェンダーの視点でクライエントの問題を捉えることは、クライエントに及ぼしている社会的なバイアスや、女性が抱える心理・社会的課題への気づきが深まり、同じ時代を生きる女性としての共感や理解を促すものであった。さらに言えば、ジェンダーの視点を絡めて、クライエントを脅かしている暴力や支配構造へのパワー分析ができなければ、適切な危機介入や心理教育をすることができない。とすれば、ジェンダーの視点で、ケースを理解し、有効な支援につながる見立てができることは、FCとしての存在意義を示すことにもつながり、重要だ。しかし、その一方、ジェンダー分析、および記述の難しさ、限界やリスクも無視することができない。ジェンダーについての記述には、他の項目よりもカウンセラー自身の主観や判断が入りやすい。フェミニズムの価値感である、マイノリティの立場にたつ、外界からの圧力・支配に敏感であることが、クライエントの現実を超えて先走った判断になってしまう可能性も否定できない。

例えば、先のジェンダー欄の記述の仕方で、例としてあげた家事・育児に非協力的な夫をもつ女性の場合、夫の威圧的な態度や言動に焦点を当て、「夫からのDV」と記述すると、「夫への不満と怒り、自らの母親役割の中で苦しむ」クライエントの実態が見えにくくなる。あるいは、コミュニケーション不足による対人関係のトラブルに対して、クライエントの被害感にのみ焦点を当て、「パワー・ハラスメント」と早読み込みするのも要注意である。問題への対応策が大きく違ってきてしまう。アセスメントシートは、初期の情報が少ない段階で記述し、簡潔化するためにクライエントの語る内容を省いている。それを考慮し、不当な力関係や人権侵害が疑われるようであれば、むしろ十分な情報が得られるまでは事実表記に傾注するほうがよいだろう。

アセスメントシートを作成した当初は、経験の浅い相談員でも、容易にケースを整理して報告できる手段になることを期待したが、実際には、ケースを適切に簡潔にまとめるには、クライエントの状況と苦悩・葛藤に十分寄り添う力とケースを読み解く力が必要であり、医学・心理学の基本的な知識に加え、ジェンダーに関する知識や理解が欠かせないことがわかった。

なお、専門分野が異なり、ケースを見る立ち位置が違う他機関との連携に、本アセスメントシートが有効に機能するのかは未知である。今後の課題としては、アセスメントシートの設定項目や、記述方法が妥当かどうかを含め、さまざまな現場で使用が可能かどうかを検証し、同時にアセスメントシートをより正確に、有効的に活用するためにどのような教育やトレーニングが必要かを検討していくことが大切だと思われる。

最後に、FCの特性を生かすために用いたジェンダーの視点による分析、および支援方針としての「エンパワーメントのポイント」だが、今後、多様な現場でケースを見立てる一座標となる可能性をもつように思われる。

ここでの視点は、性役割に関する問題に特化しているだけではなく、社会における支配や力関係への理解（パワー分析）、マジョリティが作る「基準」「正しさ」から外れた者やそれにとらわれて生きにくくなっている者への関心を含んでいる。さらにそこに潜む人権侵害や抑圧に目を向け、社会規範による「あるべき姿」にとらわれず、個人の主体性や自己選択を重視する視座を持っているといってもよい。パワー分析を用いたこれらの見立て方は、現在いじめが多発する教育現場や格差社会の中で、様々な苦悩を抱える人への有効な支援に役立つと思われるからだ。いまだ試作の段階ではあるが、複雑、多様化する相談現場で、FCの特性を生かしたツールとしてFCのアセスメントシートの可能性を探っていきたい。

資料2
女性センターにおける相談業務ガイドライン（試案）

女性センター相談業務ガイドライン作成の経過について

公立女性センターにおける相談業務に、明確なフェミニズムの視点を持ち込んで相談を開始した東京都足立区の試み以来、このような考え方にもとづく相談の歴史はすでに十五年になります。フェミニスト・カウンセリングの先駆的役割を自覚的に担い、実践を通した研鑽から新しい試みを絶えず提起しているセンターがある一方、単に「他がやっているから」という理由で相談業務の質をほとんど考慮することなく相談をスタートさせているセンターも見受けられます。相談業務の視野がひろがるにつれ、相談業務の内容にもばらつきが大きく、相談業務に関するガイドラインとでもいうべきものの必要性が痛感されるようになりました。

「女性センター相談業務ガイドライン作成プロジェクト」は、長年にわたって各地の女性センターの相談業務に関わってきた河野貴代美の呼びかけで、以下の六名のメンバーによって一九九八年一月に発足しました。このプロジェクトはまったく私的なもので、どこからも経済的な支援を受けていません。

一年余りをかけて検討してきた結果をここに公開し、世に問いたいと思います。皆様の率直なご感想をお聞かせ下さい。

一九九九年五月

河野　貴代美（プロジェクトチーム代表／帝京平成大学）
上野　千鶴子（社会学者／東京大学）
遠藤　智子（自治体職員／日本フェミニストカウンセリング研究連絡会）
大塚　朋子（女性センター職員）
高岡　香（弁護士／保良・高岡法律事務所）
丹羽　雅代（カウンセラー／日本フェミニストカウンセリング研究連絡会）
三橋　順子（精神科医／家族機能研究所）

はじめに

公立女性センター（以下センターと略）における「女性問題相談」は、多くのセンターの重要な任務としての認知を自治体（女性政策課など）において得ているだけでなく、女性市民にも広く知られるようになってきました。

どのセンターも出している「どんなことでも、お気軽にご相談ください」という呼びかけパンフレットにしたがって、相談窓口を持つところには、実に多様な相談が寄せられています。これらの中には、病院やクリニックへの来訪が適切なケースもあれば、直ちに法律相談や福祉事務所への紹介が必要なケースもあります。また単に「話し相手」が欲しいというケースもあり、まさしく「あらゆる女性のあらゆるニーズ」への対応をせまられています。

しかしながら、「男女平等社会」の実現に向けた拠点であるセンターの相談業務には、それなりの特色があってしかるべきでしょう。例えば相談業務は「女性の自立をフェミニストカウンセリングで支える」（『伊丹市女性のための行動計画』）との指針があります。この指針は、女性センターにおける明確な考えを示した数少ないものの一つです。しかしながら、このためには、誰が、何をすべきなのでしょうか。いうまでもなくそれぞれの地域には地域ごとの違いがあるため、コンセンサスを作り、それを一律に運用することは不可能です。その実状を踏まえつつ、ここに相談業務のガイドラインを提案したいと思います。

なお、このガイドラインは、女性センターのみならず、女性政策課が窓口となっておこなわれている相談業務の参考にもしていただきたいと思います。

1 相談業務の基本指針

相談内容を安易に「問題化（病理化）」しないこと

個人面接、またはグループワークにおいて、持ち込まれるすべての相談内容を安易に相談の対象にしたり、病理化してしまわないこと。

［解説］

今、いわゆる心理的問題が噴出しています。それは、家族における対立・葛藤やゆがみとなって現れたり、社会的な犯罪に結びついたりしています。問題の顕在化とマスメディアを通したその共有化は人々に不安を与えると同時に、このような問題が、「異常」、「正常」のある種の規範として作用しています。「私（家族）は、あれに比べれば大丈夫だろうか、大丈夫でないだろうか」というように。

さらにはジェンダーに結びついた社会規範（世間体とか常識）の囚われから生み出されている問題もあります。例えば、良妻賢母でない自分に悩む女性や性志向（レズビアニズム、バイセクシュアリティなど）です。このようなときはわずかの助言やサポートで相談者自らが問題の克服、解決する場合があります。またテーマ別自助グループやサポートグループを紹介するのもいいでしょう。要は相談者が持っている自己回復力を信じそれを喚起することが大事です。相談者の訴えを安易に「問題＝病理化」しないということは、相談者に、その訴えは問題ではないと直ちに結論することではありません。相談者の基本的な解決・回復能力を信じ、当事者自らが、問題とみなしている事柄を脱病理化するプロセスを援助することです。

ジェンダー分析

相談にあたるさいの基本的方法はフェミニストカウンセリングであり、フェミニストカウンセリングの理論的装備

はジェンダー分析（問題の再定義）であること。

［解説］

これまで、さまざまな性暴力、家庭内暴力（ＤＶ）、セクシュアル・ハラスメントにおいて、このような問題に巻き込まれ、また関わらざるをえなかった女性の側の責任が問われてきました。またカップル関係（異性・同性関係）の葛藤、混乱、破綻または子どもとの関係なども、女性はこうあるべきといったジェンダー規範に相談者が捉えられ、そこからの逸脱に苦しんでいる場合があります。

このように、女性の側に心理的問題の原因があるかのごとくみなしてきたのは、性差別社会（文化）です。ベティ・フリーダンは、女性の心理的トラブルを見事に「名前のない問題」として看破しました。そしてフェミニズムは、あらためて、問題に名前を与えたのでした。新しい定義を得ることで、問題は問題にならない、あるいは問題としてあらためて当事者の了解や納得を得ることになりました。例えばセクシュアル・ハラスメントがこれです。ジェンダー分析とは相談者にとってジェンダー規範がどのように刷り込まれ、それが当事者の感情や行動を支配しているかを丁寧に検討することを意味します。これまで心理的問題は「個人的出来事」の範囲を出ず、したがって問題の因果関係は個人に止まり続けました。つまりジェンダー分析とは、「パーソナル　イズ　ポリティカル（個人的なことは政治的なこと）」というフェミニズムのテーマを基本とすることです。

エンパワーメント

短期長期、個人グループを問わず、援助にはエンパワーメントの視点が必要。

［解説］

センターにおける援助の主目的は相談者自身のエンパワーメント（自らの内包する力に気づき、その力を発揮できること）です。多くのセンターでは相談者の主訴を、例えば、〈保護・更生〉〈夫婦・離婚〉〈男女問題〉〈家庭問題〉〈生活問題〉〈職業問題〉〈健康問題〉〈その他〉（「四日市市本町女性センター」）などとして分類しています。しかし、こういう通常の主訴分類では問題を対外的にわかりやすく現象化しただけで、問題の核心を摑むことができません。

例えば、夫婦の問題というとき、その関係性の何が問題なのでしょうか。伝統的心理療法の手法、「生育歴」にのみ焦点をあてるのではなく、相談内容が、当事者のどのような生活・社会文脈から生じており、それは、いかに相談者に抑圧的であるかを共に考えなければなりません。それらは性別役割分担の縛りからきているのか、問題状況における力関係はどうか、女性であるがゆえの不利益（例えば経済的不利）が働いていないか、といったことです。さらに大事なことは、問題の定義は基本的に相談者にあるということです。相談員が一般的な主訴分類の枠組みをもとに援助にあたるのではなく、いかに相談者が自らをエンパワーメントできるかを明確にしていくための新しい援助枠組み（ひいては問題の分類）を作ることが必要です。

ネットワーキング

相談者の問題の多様性を解決するために、他の諸機関や有効な社会資源の活用が必要であり、相談員はその知識と運用にたくみであること。

［解説］

例えば、相談者の不安や落ち込みの背景に経済的問題があれば、いくらカウンセリングをしても状態は改善されないでしょう。ただちに福祉事務所に連絡をとらなければなりません。あるいは、家庭内暴力の被害者なら、事情や本人の希望によって、緊急一時保護（シェルター）の利用が急務となるかもしれません。またケースワークでいうところの、ケースマネージメント（センターにおける相談員が、他の諸機関と連絡をとりながら、初めから終わりまでケースの処遇プロセスに責任を持つ）の考えを実践の中心概念とすることが期待されます。この意味でセンターにおける相談業務はソーシャルワーク的業務と類似しているといえます。単なる「心理家」にとどまらず、さまざまな社会資源に通暁し、さらには諸機関の職員とのネットワーキングをおこなうことが、よりよい援助に不可欠です。

かつて「専門家」とは「非専門家」と対照的に、その領域の知識や実践に特に秀でている者といわれてきました。しかし近年は、この二つの境界を越え、むしろ「非専門家」をも含み、結果的によりよい援助に結びつくような視点を持つ者といわれています。

女性政策へのフィードバック

相談事業の成果が女性政策に反映されること。

［解説］

センターに持ち込まれる女性の相談は、女性問題の幅と広がりを表わす最も基本的で貴重な現場情報といっていいでしょう。もし相談が相談室における相談者と相談員との閉じられた関係のみに終始し、相談事業が女性政策に反映されなければ、センターでおこなわれる相談業務の意味はありません。所轄の課（女性政策課）と相談室は有機的な連係プレーを心がけ、具体的な政策（条例化、制度化など）を打ち出していく必要があります。例えば、家庭内暴力の相談からシェルターの設置を企画するなど。特に、相談業務をセンターの外部に委託する場合、この点に関してセンターと外部相談室との間に十分な情報の交流と検討が不可欠です。

地域社会における啓発・啓蒙

［解説］

センターでの相談は、ただ受け身的に相談者を待つ以上の役割を担っています。センターが女性差別の撤廃や女性問題解決の拠点であるならば、相談員は所轄の係員と共に相談された問題を普遍化し、地域社会にむけた啓発・啓蒙をしていかなければなりません。相談内容とジェンダー分析の結果について適切かつ十分な理解が得られるよう、住民の協力を求め、問題の解決や防止に努める必要があります。

2　相談の体制（システム）

相談者が持ち込むあらゆる問題に対応できることが必ずしも良い相談室を意味しているわけではありません。どんな相談なら受けられるのか、あるいは受けられないのかを見極めなければなりません。女性のための相談室が特色をもたなければならないだけでなく、相談員の能力や資質には自ずから限界があるからです。これを十分に自覚し、丁寧かつ有効な援助をするために基本的な援助システム作りが必要です。つまりは相談の流れとでもいうものを、それなりに確立することが望ましいでしょう。

援助のプロセス

訓練を受けたインテークワーカー（初回面接相談員）を置き、相談者の訴えに従ってワーカーは以下のように相談受理の整理をします。

＊インテーク（電話）↓個人面接（基本的に予約）

法律相談、からだ相談、その他センター内の別種の相談員に紹介。

福祉事務所、病院、民間の組織・団体などセンター外の他機関に紹介。

＊電話相談

個々の相談員の業務

＊個人面接相談員

・ケースマネージメントの観点から、他機関に紹介したケースについても当該センター相談員がケースの最終的処遇を見届けること。

・相談者をエンパワーメントするために、他機関との連携のキーパーソンであること。

＊グループワーカー

・センター内におけるテーマ別支援グループの育成。

・センター外の自助グループの育成とその援助。既存の自助グループとの連携。

＊相談員同士の連携業務

・スーパーヴィジョン（スーパーヴァイザーの指導料金を予算に組み入れてもらうこと。）

・ケースカンファレンス

・担当所轄（女性政策課）へのフィードバック

3 相談員

以下のような資質や資格を持つ相談員をセンターに配備し、身分などを保障することが望まれます。

相談員の資質

＊性差別社会の、女性にかかる心理的抑圧に敏感であること

＊女性の、男性とは異なる心理発達と心理的問題に明るいこと

＊相談者とは対等な関係をつくり、いたずらに依存性を助長しないこと

＊相談者の自己回復能力を信じ、それを援助の根拠とすること

＊必要なカウンセリング援助を業務、責任、関与において持続できること

相談員の資格

＊「日本フェミニストカウンセリング研究連絡会」(「フェミ・カン研」と略)の会員である者

＊「フェミ・カン研」の認知した教育訓練「フェミニストカウンセリング・コース」を受けたことがあるか、受けられる状態にある者

＊大学(四年制、二年制)、および専門学校で心理学、社会福祉学、社会学、教育学、看護学のいずれかの過程を修了した者で、フェミニズムの視点を持つ者

＊前の条件のいずれをも満たさないが、心理、社会福祉、看護などの相談分野における実践経験を概ね三年以上持ち、フェミニズムの視点を持つ者

相談員の身分

＊正規職員、嘱託・臨時職員、「業者」委託を当該センターの相談事業内容によって組み立て、どのような形をとったとしても、相談員の専門性や仕事の持続性を保障し、かつ雇用上の差別が生じないようにすること

4 「相談業務検討委員会」の設置

センターの相談業務は、センターそのものの運営に関する、例えば、「〇〇女性センター運営協議会」などとは別の運営責任主体が必要です。最近、某センターにおいて、情報公開条例に基づき、ケース記録の公開を求めた相談者がいました。また今後気持ちや名誉を傷つけられたことを理由に、裁判に訴える相談者がでてくる可能性もあります。暴力の被害者が裁判を起こし、そのためにケース記録の提示が公的に求められるかもしれません。「相談業務検討委員会」は、こういった、相談員個人の判断範囲を超えた高度な判断をするためにも設置されることが望ましいでしょう。

この「相談業務検討委員会」は、あくまでセンターにおける相談業務の独立性と独自性を保障することを目的としており、必要に応じて、上部機関(たとえば政策立案担当者)に具申できるような性質や機能を持つものです。

(1)「相談業務検討委員会」の構成メンバー

*センター長、相談部門の責任者、相談員(の代表)、所轄の担当者

(2)「相談業務検討委員会」の任務

*どのような考えで相談を行うのかというコンセプトの作成

*ケースの最終責任は誰にあるのか。特に、外部に相談を委託している場合、契約事項などとは別に(あるいはその中に含めて)、十分な話し合いを持ち、共通の認識のもとに相談に関する文書を作成すること

*ケース記録はどこに置かれ、その保持は何年までとするのか

*相談者の秘密保持は十分か

*相談員は適切に援助ができているかどうか、援助は相談者のニーズにみあっているかどうか

*その他、高度な判断を要する事項

(3)「相談業務検討委員会」の会合

*年に最低二回は委員会が招集されなければならない

フェミニストカウンセラー(セラピスト)倫理綱領について

フェミニストカウンセリングは、フェミニスト理論の諸概念、心理学的理論と実践、フェミニズムの政治的理論と実践から生み出されています。

この倫理綱領は、フェミニストカウンセラー(セラピスト)が、このような基本理念を明確に把握し、かつ自らの専門職アイデンティティの拠り所となるようにと定めるものです。

現段階では、河野(筆者)私案、つまりフェミニストカウンセラー(セラピスト)倫理綱領試案となっています。これを試案として討議をかさね、将来的には「日本フェミニストカウンセリング研究連絡会」など関係団体や機関を通じて正式案として普遍化させたいと思っています。

「女性センター相談業務ガイドライン」とあわせて、ご意見やご批判をお寄せ下さい。

河野　貴代美

フェミニストカウンセラー（セラピスト）倫理綱領（私案）

はじめに

女性の生きる社会はいまだに性差別的状況をかかえ、私たち女性は社会のゆがみからくる「生きがたさ」を経験しています。フェミニストカウンセリング（セラピィ）とは、女性の抱える「心理的問題」がこのような性差別的社会によって作り出され、維持されるという認識のもとに、女性自身が自らの問題に立ち向かい、自己決定する力を養うことを支援するためのカウンセリング手法です。フェミニストカウンセリング（セラピー）は、フェミニスト理論の諸概念、心理学の理論と実践、フェミニズムの政治理論と実践とを背景に持っています。

フェミニストカウンセラー（セラピスト）は、なによりもクライエントのエンパワーと自己実現を援助することであり、そして究極的に性差別社会や社会システムを変える実践に関わることを目的とします。以上の目的を実現するために、その活動に関わる者が留意すべき倫理綱領を、次のように定めます。

クライエントとの関係

1 クライエントとの対等性

フェミニストカウンセラー（セラピスト）は、クライエントを、人として基本的に対等な存在と認識します。

2 自己決定の尊重

フェミニストカウンセラー（セラピスト）は、クライエントの自己決定権を最大に尊重し、自己実現に向けて援助します。

3 クライエントの個別性の尊重

フェミニストカウンセラー（セラピスト）は、性別、年齢、出自、人種、国籍、宗教、文化的背景、社会経済的地位、性志向にかかわりなく、クライエントの個別性を尊重し、誰に対しても同じ誠意をもって援助を提供します。

4 クライエントの利益の優先

フェミニストカウンセラー（セラピスト）は、職務を遂行するにあたって、なによりもクライエントの利益を最優先し、いかなる目的のためであってもクライエントを利用することがあってはなりません。

5 クライエントの秘密保持

フェミニストカウンセラー（セラピスト）は、クライエントや関係者から話を聞く場合、当事者が話したいと思う範囲を尊重し、強制をしてはなりません。またプライヴァシー保護のため、クライエントに関する情報を第三者に提供しません。もし、その情報提供がクライエントやフェミニズムの利益のために必要だと判断した場合、本人の承認を得ることとします。

所属機関との関係

1 所属機関と綱領の精神

フェミニストカウンセラー（セラピスト）は、常にこの綱領の意図を尊重し、その所属する機関や団体がこの基本精神に協力的であることを求めます。

2 専門職としての信用の保持

フェミニストカウンセラー（セラピスト）は、もし同僚がクライエントの利益を侵害したり、専門職としての信用を損なうことがある場合は、その事実を本人に指摘し、また、「日本フェミニストカウンセリング研究連絡会」に対してその処遇を求めることができます。

専門職としての職務

1 専門性の維持向上

フェミニストカウンセラー（セラピスト）は、自分の個人的および職業的ニーズを認識し、たえまない自己点検、仲間のサポート、スーパーヴィジョン、継続的教育訓練の機会を求めます。また自分の能力や精神的安定を点検し、それらの保持や改善のため必要に応じて個人セラピーを利用します。

2 専門職の擁護

フェミニストカウンセラー（セラピスト）は、常に実践を通して、この専門職に関する知識、技術、価値観の明確化に努めます。仮にもこの専門職が不当な批判にさらされることがあれば、自分たちの立場を擁護します。

3 批判に対する責務

フェミニストカウンセラー（セラピスト）は、同僚といえども仕事の方法に相違のあることを容認するとともに、相互批判に対してオープンであるよう努めます。またクライエントの批判や批評には謙虚に接します。

4 他の専門性への介入と連携

フェミニストカウンセラー（セラピスト）は、クライエントに抑圧的な他の「治療的実践」を、クライエントの求めに応じて積極的に問題にし、必要があれば介入します。また必要に応じて他の専門的援助との協力的連携をはかります。

社会に対する責務

1　業務内容の周知徹底

フェミニストカウンセラー（セラピスト）は、地域社会や一般社会に対してフェミニストカウンセリング（セラピー）の理念を周知させる努力をします。

2　社会に対する貢献

フェミニストカウンセラー（セラピスト）は、性差別社会を変えるために多様な活動に関わります。このなかには、公教育、専門的組織および一般向けの集まりなどにおける啓発活動、行政施策や法律制定のためのロビー活動、そして考えを同じくする仲間との幅広いネットワーキングなどが含まれます。

おわりに

私が、日本フェミニストカウンセリング学会を離れて、十余年になる。離れた事情はさまざまにあるが、一つは米国から輸入したフェミニストカウンセリングの基礎は作った、学会認定の資格も作り、学会誌も創刊した。あとは、時代や女性の変容に沿ってさらに新たな船出をしてもらいたいという想いであった。

十余年の空白をへて、それでもフェミニストカウンセリングの軌跡を書くことになったのは、2022年の初頭、上野千鶴子さんのお誘いと励ましがあったからである。

空白期間を十分承知のうえで、蛮勇を振るった（適切な動詞かな？）のは、私が仲間には知られた蛮勇の人だからである。

晩年に振るった蛮勇の結果は、読者に判断をお任せしたい。新たな船出はどうなってきたのか。生き方に悩んだり、戸惑ったり、行く道を探している若い女性には多様な生き方があるから、それぞれあなたの信じた道をお行きなさい、といってあげたい。間違ったら引き返してくれればいい、人生は長いのです。その道程で、本書がわずかな支えになれば、これ以上の喜びはない。

後は謝辞で埋めよう。上野千鶴子さんには、初めから終わりまでお世話になりました。お礼の言葉は尽きません。フェミニストカウンセリング学会の仲間、小柳茂子さん、深田友子さん、松山ちづるさん、河野和代さん、学会理事長加藤伊都子さん、東京大学の林香里さんたちには私の不明な箇所でお力添えをいただきました。深くお礼を申し上げます。また幻冬舎の竹村優子さんからも、たくさんの援助をいただきました。皆さま本当にありがとうございました。

2023年1月　　　河野貴代美

初出

本書は書き下ろしです。

ただし、資料1は『フェミニストカウンセリング研究』、資料2は『フェミニストカウンセリングの未来』（ともに新水社）よりそれぞれ転載いたしました。

装画

Claire Tabouret
Circle Dance (Orange Sun)
2017
Acrylic on canvas　63 x 165.5 inches (160 x 420 cm)
Photo : Jeff McLane

装丁

albireo

DTP

美創

河野貴代美

KIYOMI KAWANO

1939年生まれ。シモンズ大学社会事業大学院修了(MS)、元お茶の水女子大学教授。専門はフェミニストカウンセリング、臨床心理学、フェミニズム理論、社会福祉。日本にフェミニストカウンセリングの理論と実践を初めて紹介し、各地におけるカウンセリング・ルームの開設を援助。のちに、学会設立や学会での資格認定に貢献。著書に『自立の女性学』(学陽書房、1983)、『フェミニストカウンセリング(Ⅰ・Ⅱ)』(新水社、1991/2004)、『わたしって共依存?』(NHK出版、2006)、『わたしを生きる知恵』(三一書房、2018)、『それはあなたが望んだことですか』(三一書房、2020)、『やわらかいフェミニズム』(三一書房、2022)ほか多数、翻訳書にP・チェスラー『女性と狂気』(ユック舎、1984)、H・パラド他『心的外傷の危機介入』(金剛出版、2003)ほか多数がある。

1980年、女たちは「自分」を語りはじめた

フェミニストカウンセリングが拓いた道

2023年3月10日　第1刷発行

著者　河野貴代美
発行人　見城 徹
編集人　菊地朱雅子
編集者　竹村優子
発行所　株式会社 幻冬舎
〒151-0051 東京都渋谷区千駄ヶ谷4-9-7
電話：03(5411)6211(編集)　03(5411)6222(営業)
公式HP：https://www.gentosha.co.jp/

印刷・製本所　錦明印刷株式会社

ISBN978-4-344-04083-0　C0095
この本に関するご意見・ご感想は、
下記アンケートフォームからお寄せください。
https://www.gentosha.co.jp/e/